何のための「教養」か

桑子敏雄 Kuwako Toshio

★――ちくまプリマー新書
329

まえがき

本書でわたしは「教養とは何か」、「教養を身につけるということはどういうことか」という問いに答えようと思う。

考察のスタートとなるのは、古代ギリシアの哲学者、アリストテレスの「教養は幸運なときには飾りであるが、不運のなかにあっては命綱となる」ということばである。一九七〇年に大学に入学して以来、わたしはこのことばを座右の銘としている。

本書でわたしが書きたいと思ったのは、このことばが現代を生きるわたしたちにとってどのような意味をもつかということである。多くの難しい問題に人類が直面している現代にあって、読者のみなさんが人生の困難を乗り越える力をつけるためには、どうしたらよいかということを、わたしのたどった人生の軌跡とともに考察し、みなさんに何かアドバイスできるのではないかと考えたのである。

というのも、わたしの人生の節目に必ず現れてきたのがこの「教養とは何か」という問いだったからである。

わたしが東京大学に入学した一九七〇年、はじめの二年間を過ごす教養学部では、専門課程の前段階として教養科目を履修しなければならなかった。大学に入ったみなさんが最初に学ぶ「教養科目」や「一般科目」、「一般教育科目」という名の科目群とほぼ同じである。その教養科目のなかのギリシア語初級の例文がアリストテレスのこのことばだったのである。偉大な哲学者がつくりあげた学問体系はわたしの研究対象の一つとなったこともあって、わたしはいつも「飾りと命綱」のことを考え続けた。

学部と大学院を十年ほどで終え、学ぶ立場から教える立場に変わって、はじめて教養科目を教えたのは、名古屋の南山大学文学部であった。そこで専門の「哲学」とならんで教養課程の「哲学」を担当した。その八年後赴任した東京工業大学でも、教養教育を担当する工学部人文社会群というグループに所属して、教養科目の「哲学」を理工系学生諸君に講義した。

大学教育の制度として定められていた進め方に沿って授業を行っただけではない。一九九〇年代にはじまった大学改革では、大学・大学院改革を進めるグループのメンバーとして、「教養」をどう捉えるかという問いと格闘することになった。

文部省（現在の文部科学省）の「大学設置基準の大綱化」政策（一九九一年）にもとづいて、全国の大学で一般教育科目を担当する教養部の改組・廃止と大学院重点化（大学組織の中心を学部から大学院に移すこと）という改革が行われた。東京工業大学でも、他の多くの大学と同じように、それまでの教養科目担当組織を組み替えて、新しい文系理系融合型の大学院を創設することになった。わたしが携わったのは、大学改革を進めるために必要な文書の作成を中心とする改革プロジェクトである。そのなかで、学部で学ぶ教養だけではなく、大学院生も身につけるべき「高度な教養」とは何か、大学院教育のなかに新しい「教養」をどのように位置づけるべきかということについて考えることになった。

一九九六年に東京工業大学に大学院社会理工学研究科が発足すると、そのなかの価値システム専攻に所属して、大学院生に向けて高度な教養教育の一環としての「価値構造」という科目を担当することになった。同時に、学部生に向けては教養科目の「哲学」を担当した。

二十一世紀に入ると、東日本大震災が起き、ふたたび「教養の大切さ」を叫ぶ声が高まり、東京工業大学「リベラルアーツセンター」の初代センター長として、新しい「リベラルアーツ」教育とはどうあるべきかという課題にも取り組んだ。

現在は、東京女子大学の現代教養学部で、女子学生に教養を基礎とした「コミュニティづくり」について教えている。

このように、五十年にわたる大学生活・教員生活で、自分自身の学問のあり方について考える際にも、あるいは学生諸君に教える際にも、いつも深く考えなければならなかったのが、「そもそも教養とは何か、そして、学生諸君に身につけてもらいたい教養とは何か」という問いであった。そして、この問いについて考えるときには、いつもアリストテレスのことばが心のなかにあった。

わたし自身の人生でいえば、大学改革の渦中にあって、また、自分の目指すべき学問とは何かということで悩んだときに、深く学んだことが拠《よ》り所になり、また、困難に直面したときには避難所に、危機的な状況では命綱になった。読者のみなさんにとっても教養は、幸運に人生が進んでいるときにあっては心を輝かせる飾りとなり、他方、悩み惑うときには拠り所となり、避難所となり、また命綱となるにちがいない。

人生は、あるときには順風のなかにあり、あるときは逆風のなかにある。順風のときに目立たなくても、いざというときに頼りになる力を「底力」と呼ぶならば、教養で大切なのは、その底力である。深く思慮をめぐらし、困難を乗り越えることを可能にする人間の知的能力をわたしたちは、「思慮深さ」と呼ぶ。すぐれた選択をする思慮深さこそ教養の底力である。

「教養は幸運なときには飾りであるが、不運のなかにあっては命綱となる」ということばは古代ギリシアの哲学者のことばであるから、およそ二千年以上も昔の教えである。当然のことだが、わたしたちの生きる二十一世紀では、「幸運や不運」の意味は、古代と同じではない。現代を生きるわたしたちはそれぞれ別の人生を生きているが、一人ひとりの人生は、同時に現代の地域や国家社会や地球環境のなかにある。みなさんが行う選択が一人ひとり別々の人生のなかでの選択であっても、一つひとつの選択は、地域社会や国家、地球環境のさまざまな制約を受ける。だから、わたしたちは、そういった制約についてしっかりとした認識をもたなければ、自分の選択をすぐれたものにすることはできない。

本書でわたしが述べることの一つは、現代の状況を踏まえた「現代的思慮深さとは何か」ということであり、「現代に求められる教養とは何か」ということである。

本書が若いみなさんにとって「自分にとって教養とは何か」を考えるきっかけとなり、「現代的思慮深さとは何か」にも関心を向けて、現代社会でわたしたちが直面するさまざまな困難に果敢に挑戦できるようになれば、著者として大きな喜びである。

目次＊Contents

第1章　教養とはなにか

飾りと命綱

教養は幸運なときには飾りであるが、不運のなかにあっては命綱となる。

このことばは、古代ギリシアの偉大な哲学者、アリストテレスが語ったと、ディオゲネス・ラエルティオス『ギリシア哲学者列伝』は伝えている。

「教養」と訳したのは、ギリシア語の「パイデイア」ということばである。「パイデイア」は、「パイス」ということばからの派生語で、「パイス」は「子ども」である。「パイデイア」は「子どもを育てること」であるから、「教育」という意味をもつ。ただ、古代ギリシアの人びとにとって「パイデイア」は、教育制度や学校のシステムのなかで

「教え込む」教育、子どもからみれば「教え込まれる」教育ではなく、人間の自由な精神が自発的に学び、みずから身につける能力を意味した。「教え込む・教え込まれる強制的な教育」ではなく、「自由な人間が自ら身につけ学ぶ教養」を意味したのである。「飾り」となり「命綱」となる教養は、強制的に仕込まれたものではなく、人間の内面から輝く飾りであり、危機のときには自分の意思でそこから脱出しようとする自発性とともにあるからである。そこで、「教育」というより「教養」のほうがふさわしい訳語である。

ただ、この本で論じることになるが、現代においても「教養」と「教育」とは微妙な関係のなかにある。ここではひとまず、この本で論じる「教養」は、自ら身につけるという自発性にもとづく学びであり、そのように、主体的に学ばれて身についたものが教養と考えておこう。

さて、「飾り」というのは、もとのギリシア語でいうと、「コスモス」である。「コスモス」には「宇宙」という意味と「秩序」という意味がある。また、「飾り」も意味する。「コスメティックス」といえば、化粧品である。人を美しく飾るもの、という意味である。

人びとが幸運な人生のうちにあるときには、教養は、人の精神を秩序づける。その人柄を美しく飾る。ただ、人生は、自然法則に支配される自然現象と異なって、幸運と不運のうちにある。同じ人間として生まれながら、富裕な家庭に生まれた子どもと貧困な家庭に生まれた子どもでは、「運不運」が違うとわたしたちは言う。わたしたちは、自分の人生の「生まれ」を選択することはできない。

わたしたち人間が生きるということは、この地球上に命を与えられ、その命を維持していくということを意味している。生まれるということは、命を与えられるということである。与えられるということは受け身である。わたしたちは自らの誕生を選択することはできないからである。

他方、わたしたちは命をつなぐために、たくさんのことを選択する。「選択する」ということは、「選択肢をもつ」ということ、さらに、「選択することができる」ということも意味している。複数の選択肢のなかから選択することができるということは、選択の自由をもつということである。選択の自由があればこそ、わたしたちは、複数の選択肢から自らの意思でどれか一つを選ぶことができる。選択の存在こそ人間が自由であることの根幹に位置しているのである。

ただ、選択が望みの結果をもたらすかどうかは、選択の時点で分かっているわけではない。わたしたちは選択を誤ることもある。この場合の「誤る」は、数学の解答を誤るという意味ではない。正しい答えを出せなかったということではない。わたしたちは「正しい選択」というが、これは、数学の答えのような「正しさ」ではない。選択には、「よりよい選択」と「より悪い選択」、「どちらともつかない選択」がある。よりよい選択とは、わたしたちの願望の実現をもたらす選択、いわば幸福な状況をもたらす選択であり、そうでない選択が誤った選択、不幸をもたらす選択が悪い選択である。

さらに、よい選択をしたと思っても、選択の状況が変化するなかで不運が生じることもある。順調に進んでいた仕事が突然の地震で行き詰まってしまうこともある。わたしたちは、こういう状況を運が悪いとか、不運だとかいう。

選択を誤ることで、あるいは、不運に見舞われることで、わたしたちは困難な状況に陥る。困難な状況に陥ってしまうことの分岐点となった選択のことを「選択を間違った」とか、「選択が正しくなかった」、あるいは「選択はよかったが、運が悪かった」というのである。たしかに、「誤った選択」「正しくなかった選択」は回避したい。不運な出来事に出会うことも喜ばしいことではない。が、そういう選択をすること、そのような状況を生きることができることもまた、人間が自由であるということに含まれている。

選択、所与と遭遇

ここで命のように、「与えられているもの」を「所与」と呼ぶことにしよう。わたしたちは、与えられた命のもとで、すなわち、所与としての人生のうちにあって、選択する自由を与えられている。

所与と選択とが人間が存在するということの根本的な条件である。ただし、人生は、所与と選択だけによって成り立っているわけではない。人生には、所与でもなく、選択でもない広大な領域が広がっている。遭遇という領域である。

わたしたちは、人生のなかで、さまざまな人びとや出来事に出会う。遭遇する。この遭遇もまた「所与としての生きていること」と切っても切れない関係にある。所与をスタートとしてわたしたちの人生は進んでいくのであるが、そのなかでわたしたちはそれぞれにさまざまな人や出来事と出会うからである。しかし遭遇は所与ではない。選択でもない。

遭遇は選択ではないが、さまざまな遭遇は、他方でわたしたちにさまざまな選択肢を用意してくれる。人生の豊かさは、この所与と遭遇によって用意される選択のなかにある。いろいろな人と出会い、いろいろな出来事に出会う。人との遭遇、出来事との遭遇によってさらにさまざまな選択肢が現れてくる。そのなかの選択によって人生は変化してゆく。選択によって出会うさまざまな人や出来事や風景が人生の彩りとなる。

ただ、遭遇もまた、時として、さまざまな困難な状況をもたらす。自然災害との遭遇もあり、危害を及ぼす人間との遭遇もある。そうした遭遇で迫られる選択に失敗すれば、その結果は不幸な結果になることもある。死に至ることもある。

社会に秩序が存在し、平和を維持している時代にわたしたちが生まれたとすれば、そのような状況もわたしたちの「所与」ということができる。そのような時代であれば、人びとは心安らかに暮らすことができるようにみえる。

しかし、そのような時代にも、人は時として困難な状況に遭遇する。戦争がなくても、人びとの間には対立や紛争があって、ときには暴力に至る。DV（ドメスティック・バイオレンス）といわれる家庭内暴力や「いじめ」もある。

命の危機に遭遇することは不幸なことであるが、幸運に恵まれるだけがよい人生ではない。むしろ、さまざまな困難を克服すること、そのような克服を実現するための賢い選択を行うことこそが人生を豊かにする。困難な状況にあってこそ、人間は賢い選択をすることができるからである。

命にかかわる危機のなかで何が人を救うことができるだろうか。アリストテレスの「教養は幸運なときには飾りとなるが、不運のなかにあっては命綱となる」ということばで、わたしがあえて「命綱」と訳したのは、ギリシア語の「カタフィゲー」ということばである。アリストテレスは、幸運なときの「コスモス（飾り）」と不運なときの「カタフィゲー」を対比させた。カタフィゲーは、文字通りには、「避難所」である。「避難所」は、危機のときに身を守る場所であるが、いざというときに身を守る力になるという意味では、むしろ「命綱」と言った方がいいと思う。これは、ほかの人が守ってくれる力という意味ではない。自らの心のうちにあって、自分を守る力である。アリストテレスはそれが教養だというのである。教養は、自分自身のなかに形成された生きるための底力だからである。

人間の根

わたしが理工系大学で哲学を教えていたとき、理工系学生のもつべき教養の大切さを説く教授たちもたくさんいたが、その多くは、教養を科学技術者が身に備えるべき「飾り」と考えていた。日本の科学技術者は、海外の学会に出席すると、懇親会のような交流の場で日本文化について質問を受ける。ところが、理工系の研究に専念してきた科学技術者、研究者は、日本文化の価値や意味についての問いに答えることも、あるいは自ら進んで紹介することも、自分の意見を述べることもできない。とくに最近は、日本の文化について造詣のある海外の研究者も増えているので、質問も相当深い関心のもとに発せられる。

だから、「教養の大切さ」を感じた教授たちは、「学生には、教養を身につけさせなければならない。ただ、それは専門でとんがった能力をもつことが前提であるが」という。つまり研究者として成功するためには高度な専門性を、そして、恥をかかないためには教養を、という考えである。このような意味での教養とは、理工系教育に加えるべき文系の知識である。科学技術の専門家であることに加えて、文化的教養人になることも大切だという思想である。

わたしは、教養の本質はもっと別のところにあると考えている。「飾りとしての教養」に対して、わたしは、現代の若者が身につけるべき教養は、枝葉や花としての教養ではないと思っている。それは、「人間の根」としての教養である。これは「命綱」に通じる思想である。

人間を一本の木にたとえるならば、その根っこにあたるのが教養である。一本の木が生長してゆくとき、その生長を支えるのが太い根である。根が丈夫でしっかりしていれば、木は大きく育つことができる。幹を太くし、枝を広げ、葉を茂らせ、花を咲かせ、実をつける。地上に伸びた木を地中で支えるのが根である。

木が生長しようとすると、ときには風が吹く。強風で枝が折れることもある。雷が落ちれば、幹までが割れてしまうかもしれない。日照りが続くときには、地中に深く伸びた根でなければ、水を吸い上げることはできない。

木が倒れてしまわないのは、根を大地に深く、また広く伸ばしているからである。根がしっかり大地を踏みしめているからこそ、木は大きくなることができるし、嵐にも旱《かん》魃《ばつ》にも耐えることができる。

「教養は人間の根である」というのは、順風のなかにあるとき、その教養は、その人の幹と枝を育て、花を咲かせ、また、実をつけさせる。その人を美しく飾る。他方、人がさまざまな困難に遭遇するとき、その困難に打ち克《か》つ力となって、その人を守る。

教養ある人は、よりよい選択をすることによって身を守ることができ、よりよい人生を実現することができる。よい選択をするためには、わたしたちは、まず目の前に現れてくる選択肢を選択肢として認識できなければならない。これができなければ、わたしたちは大切な選択肢を見逃してしまう。選択肢を選択肢として認識できる能力、複数の選択肢のなかから、よりよい選択肢、さらには最善の選択肢を選択するための能力、言い換えれば、最善の選択を支えるのが教養である。

『源氏物語』の「才」

わたしのいう「身を守る命綱としての教養」、「人間の根としての教養」という考え方は、西洋にだけ見られるものではない。わたしは、教養を身につけるには、東西の古典を学ぶことが大切だと考えているが、ギリシアの古典哲学から日本の文学に目を移しても、危機に備える能力としての教養という考え方を見ることができる。読者のみなさんは意外に思うかもしれないが、興味深い考えが紫式部の『源氏物語』のなかに述べられている。

『源氏物語』に、主人公の光源氏が息子の夕霧を大学寮（律令制のもとで整備された官僚養成・教育機関）に入れることについて語る一節がある。その主張は、つぎのようなものである。

時勢が移り、支えてくれていた人に先立たれたとき、権勢も衰えてしまったときには、人に侮られることもあるでしょうが、そうなっては頼りにできるところとてなくなってしまいます。やはり才《ざえ》というものがあってこそ、大和魂というものが世の中に重んじられることにも強みとなることでしょう。当座は、心もとない地位のようではありますが、将来世の中の重要な地位にふさわしい心得を学ぶならば、わたしが亡きあとも、安心できようと思いまして……（『源氏物語』「少女」の巻、以下特に注記のないものはすべて著者訳）

夕霧は源氏の子で高貴な血筋であるから大学寮で学ぶことは不必要だと思われるのだが、あえて源氏は学ばせるというのである。時勢の変化でサポートしてくれる人びとがいなくなったときに頼りにできるのが「才」だという。この場合の「才」は、学問ということで、紫式部は、大学寮で学ぶことの意義は、人生の支えとなる能力を身につけるということだと考えている。

『源氏物語』は、主人公の光源氏をめぐる宮廷の模様が中心になっている。ただ、物語には表向きの政治の世界が描かれているわけではない。紫式部の描く男女のかかわりは、天皇家と藤原氏の継承にかかわる政治の、いわば裏舞台である。

光源氏は、天皇の子であるにもかかわらず、母親の身分ゆえに天皇の位につくことはできなかったが、そのまばゆいばかりの姿で多くの女性を惹《ひ》きつけた。あるとき、父桐《きり》壺《つぼ》帝の皇后《きさき》である藤壺《ふじつぼ》と密通し、生まれた子がやがて冷泉《れいぜい》帝として即位する。

桐壺帝を継いだ朱雀《すざく》帝の後に即位した冷泉帝がみずからの出生について、自分が桐壺帝と藤壺女御《にょうご》の子ではなく、母と源氏の不義の子であるという秘密を知る。この段を描くとき、紫式部は、冷泉帝が中国の歴史について語る一節を設けている。

冷泉帝は、日本では自分の境涯のようなことはあるまいと思っていたのだが、中国にはそういうこともあるということを認識し、その上で、実の父である源氏に対する不敬が国の不安の理由なのではないかと思い、帝位を源氏に譲ろうとする。源氏はこれを固辞するのであるが、結局政治の上で権力の頂点である太政大臣となり、また太上天皇にならぶ待遇を得るのである。

光源氏は、望みうる最高の地位と身分を手にしたのであるが、それにもかかわらず、その子夕霧に対して、いざというときに備えるために大学寮で学ぶことを勧めている。

この一節は、教育に対する光源氏の考えであるが、同時に、紫式部自身の教育論でもあったに違いない。

紫式部の教養

ここで少し紫式部の生涯を見てみよう。彼女は平安時代中期の人であるが、正確な生没年は知られていない。父・藤原為時《ためとき》が越前の国の受領《ずりょう》であったとき、娘時代の二年を父の任国で過ごした。

長徳四（九九八）年ころ、親子ほども年の差がある藤原宣孝《のぶたか》と結婚して長保元（九九九）年に一女をもうけたが、長保三（一〇〇一）年、わずか二年ののちに宣孝と死別した。その後、一条天皇の中宮で、藤原道長の長女である彰子《しょうし》の宮廷に女房兼家庭教師役として仕え、『源氏物語』『紫式部日記』を書いたとされている。

紫式部が彰子に仕えていたとき、一条天皇は、『源氏物語』を読んで、「彼女は日本紀《にほんぎ》などを読んでいるのだろう。大変な才の持ち主だ」と語った。そこで「日本紀の局《つぼね》」とあだ名されたといわれている。紫式部が光源氏に語らせた「才」は、一条天皇が紫式部に感じた「才」と同じ意味である。必ずしも大学で学ぶ学問だけが才ではない。才とはひろく学識・教養を意味することばだからである。

年の離れた夫との結婚後間もない死別という厳しい現実に遭遇したのち、宮中に仕えることになった紫式部を支えたのは、その「才」であった。彼女は、正規の「教育」を受けたわけではないが、幼いころから大変な勉強家で、中国や日本の歴史や政治、さらに男女の関係などについて深い知識と素養をもっていた。当時の日本では、大学に入学するのは男性だけであり、女性はそのような教育機関に入ることができなかったにもかかわらず、彼女の学識は相当なものであった。わたしが、彼女を深くて広い「教養」の持ち主であると思っているのは、男女の恋愛物語のように見える『源氏物語』には、彼女のもつ大変な教養が控えているからである。

紫式部は、日本古来の政治システムの認識にもとづいて物語を組み立てた。彼女は中国の歴史とともに、『日本書紀』や『続《しょく》日本紀』を熟読して天皇制と藤原氏の外戚による権力の掌握について深く理解していた。紫式部が仕えた中宮彰子の父、道長は、後一条天皇、後朱雀天皇、後冷泉天皇という三代の天皇の外祖父となった人物である。

天皇に娘を后《きさき》として結婚させ、その娘が産んだ子の祖父になって政治の実権を握ることを外戚政治という。外戚政治は、藤原道長の時、絶頂期となり、世俗的権力は完全に彼の掌中にあった。

この世をばわが世とぞ思ふ望月《もちづき》の欠けたることもなしと思へば

という歌は、この世、つまり世俗世界を完全に自分のものとして掌握した道長の得意満面の歌である。

『源氏物語』を読んでいると、彼女のもつ強烈な歴史・政治への関心を感じないわけにはいかない。彼女の才が文章からにじみ出ているからである。あるいは、彼女は、その才を文章からあからさまにではなく、むしろ、にじみ出るように物語を書いているからである。しかも、意図して。

『源氏物語』の第一巻桐壺は、古文の教科書にも必ず取り上げられる文章なので、みなさんも高校の古文で勉強したはずである。思い出すために、原文で引用してみよう。

いづれの御時《おほんとき》には、女御・更衣あまたさぶらひたまひける中に、いとやむごとなききはにはあらぬが、すぐれて時めきたまふありけり。初めよりわれはと思ひあがりたまへる御方々、めざましきものにおとしめ嫉《そね》みたまふ。同じほど、それより下臈《げらふ》の更衣たちは、ましてやすからず。朝夕の宮仕へにつけても、人の心をのみ動かし、恨みを負ふつもりにやありけむ、いとあつしくなりゆき、もの心細げに里がちなるを、いよいよ飽かずあはれなるものに思ほして、ひとのそしりをもへ憚《はばか》らせたまはず、世のためしにもなりぬべき御もてなしなり。上達部《かんだちめ》・上人《うへびと》なども、あいなく目をそばめつつ、いとまばゆき人の御おぼえなり。唐土《もろこし》にも、かかる事の起こりにこそ、世も乱れ悪《あ》しかりけれと、やうやう天《あめ》の下にも、あぢきなう人のもてなやみぐさになりて、楊《やう》貴妃《きひ》のためしも引き出《い》でつべくなりゆくに、いとはしたなきこと多かれど、かたじけなき御心ばへのたぐひなきを頼みにてまじらひたまふ。

物語がこれから展開する序の部分で、桐壺帝の寵愛《ちょうあい》を一身に集める桐壺女御の苦悩と、周囲に起きている妬みやいじめから発生するいわば宮中の混乱を予感させる文章となっている。このすばらしい文章を声に出して読むと、描かれた場面の緊張感がありありと伝わってくる。紫式部の描く情景の背後にあるのは、だれの娘が天皇の皇后になるかという皇位継承の大問題である。

紫式部は、必ずしも高貴な身分ではない桐壺更衣への帝の寵愛が国家の波乱を予感させることを示し、さらに、この暗雲を中国の玄宗皇帝と楊貴妃の関係に重ね合わせている。

紫式部が「桐壺」の冒頭で天皇の后をめぐる宮廷の物語であるということを堂々と表現したことは、彼女の歴史を学ぶことへの熱意をもちながらも物語の作者であらざるをえない立場の表現であったといってよい。

熊沢蕃山の評価

紫式部の生きたのは平和な時代であった。同じように長く平和が続いたのは江戸時代である。長い戦国の時代が終わり、その戦後の復興の時代に生き、荒廃した地域の復興に顕著な業績を上げた人に、陽明学の系譜に位置づけられる熊沢蕃山《くまざわばんざん》がいる。

熊沢蕃山は、大坂夏の陣で徳川家康に豊臣家が滅ぼされて四年ののち、元和《げんな》五（一六一九）年に京都で生まれた。学問としては、近江国《おうみのくに》で著名な陽明学者であった中江藤樹《なかえとうじゅ》に学んだ。陽明学とは、中国の明《みん》時代の学者、王陽明《おうようめい》の思想にもとづく学問である。「知行合一《ちこうごういつ》」という、学ぶことと実践的に行うことを一体と考えるこの思想の系譜に位置づけられるので、熊沢蕃山も陽明学者といわれる。

しかし、蕃山は、決して机上の学問だけに生涯を捧《ささ》げた学者ではなかった。陽明学に傾倒していた岡山藩主、池田光政の招きで、岡山藩に仕えることになった。ここで、戦後の復興のための木材の調達や燃料の確保の結果として山林が荒廃し、洪水が多発するという事態を見て、治山治水事業を行い、大きな成果を上げる。

学者であるとともに実践家でもあった蕃山の著作は多岐にわたるが、『源氏物語』に対する評論・注釈が『源語外伝』である。紫式部に対する評価は非常に高く、『源氏物語』に対する見方も興味深い。

熊沢蕃山は、つぎのように述べている。

源氏物語は、好色つまり男女の仲のことを書いているが、実は好色のことではない。だから源氏物語を好み見る人にも、正しくない人もいる。この物語を書いた意図は、万事時代が過ぎてゆけば、昔の美風が衰えて俗に流れてしまうことを嘆き思うけれども、あきらかに正しい書は人が遠ざけて読むことがない。見る人が少なければ、世の中に行き渡らない。……またあるとしてもないのと同じである。……昔の人のことを今の人のことのように言い、中国のことを日本のこととして書いていることがあるが、その実は、みな証拠のあることなのである。だから古人のことも真実であるということは、司馬遷《しばせん》の史記の筆法だといえる。近代の人のことを隠すために、源氏の君という好色人の名を借りて、物語をつくり、古今和漢の故事やその時代のことをとりあつめて、伏せて書いたのであろう。紫式部の父親藤原為時は博学達才の人であって、国史を書き継ごうとして下書きなさったのを式部がこの物語に書きなしたものともいえる。だから一条院もこの物語をご覧になって、日本紀をよく読んでいるだろうとおっしゃったのだ。（『蕃山全集』第二冊「源語外伝」）

このように、蕃山は、『源氏物語』をラブストーリーと見るべきではなく、日本の歴史を物語の体裁で書き記したものであって、その書き方は、中国の歴史書として有名な司馬遷の『史記』の筆法だというのである。

教養と古典

紫式部についてやや長く述べてきたのは、彼女の自覚していた「才」がまさに「いざというときの拠《よ》り所としての教養」だからである。その才の内容は、熊澤蕃山が指摘するように、外戚政治の本質についての理解であり、さらに日本と中国の古典についての素養である。現実のなかでの選択を支える古典的素養を紫式部がどのように活かしたかということについて蕃山は、現実を難しく説くのではなく、日本と中国の古典を踏まえた物語として語ったのだと述べている。古典を学ぶことは、「才」の、現代でいえば「教養」の根幹に位置するのである。

第2章　「コスモス」との遭遇

宇宙としての「コスモス」

教養について考えるために、アリストテレスのことばから日本の古典『源氏物語』へと話を進めてきた。教養について語る人は、だれもが「古典を読むことの大切さ」を挙げる。一人ひとりの人間は、所与としての生のなかにあるが、それぞれの生はいろいろな制約のなかにある。どんな家庭に生まれ、どんな地域に暮らし、どんな学校で学んでいるか、それぞれ違っている。それぞれの人生の制約のもとで、わたしたちは経験を積むのであるが、一人の人間の使える時間、さまざまなことを経験できる時間は限られている。そこで、経験から学べることを超えて、豊かな知識と素養を身につけるには、古典から学ぶのが早道である。

現代の先端技術を手のなかにもっているみなさんは、インターネットで欲しい情報はすぐに手に入れることができる。スマートフォンを使えば通学の途中でも検索できる。しかし、一人の人間がさまざまな状況のなかでどのような選択を行ったか、どのように迷い、惑いながら最適な決断に至ったかを知ろうとするならば、インターネットの情報だけでは不足である。書物の形になった古典こそ、そうした選択と決断について考える材料を提供してくれるのである。ということで、読者のみなさんも、古今東西の古典を学んでいただきたいと思う。

わたしは、ギリシア哲学からはじめて西洋哲学全般、インドや中国哲学、日本の哲学の伝統に属する多くの古典を学んだ。日本の文化に大きな影響を与えた仏教や儒教、老荘思想なども人生の岐路で問題に直面するたびに、多くの示唆を与えてくれた。「教養」について考える本書では、そのような古典にも時々触れることにして、もう一度、わたしが大学時代に学んだギリシア哲学に話を戻そう。

西洋哲学を根源から学ぶためには、まずギリシア語とラテン語から学ばなければならない。そう思い、大学一年生のときに学んだギリシア語文法の例題として出会ったのが、教養は幸運なときには飾りであるが、不運のなかにあっては命綱となる。

という文であった。

アリストテレスのことばに惹《ひ》かれた理由に「パイデイア」とならんでもうひとつ、「コスモス」があった。この単語に出会ったときの新鮮な印象は、忘れがたく記憶に残った。

「コスモス」は、アリストテレスのことばの文脈でいえば、たしかに「飾り」なのだが、「秩序」をも意味し、また「宇宙」という意味ももっていた。すでに述べたように、「コスメティックス」といえば「化粧品」であるが、「コスモロジー」といえば「宇宙論」である。また、ピタゴラス派は宇宙と音楽と魂の不死を唱えた説で有名であるが、かれらにとっては、「コスモス」は、「知的な宇宙」ともいうべき「精神の秩序」でもあった。人間は外なる大宇宙の秩序を認識することによって、その秩序を自らの精神のうちに実現する能力をもっていると古代ギリシア人は考えたのである。

「コスモス」ということばとの遭遇は、わたしにとって特別な意味をもっていた。大学で哲学を学び始めたのは、日本の自然環境が急激に悪化していった時代であった。当時わたしは、すばらしい日本の自然をどうして日本人はこうも簡単に駄目にしてしまえるのかという疑問をもっていた。自然と人間の関係を深く考えようと大学に入ってまもなく出会ったのが「コスモス」であった。この一語は、わたしの選択すべき学問の方向を示唆していた。

地球をめぐる新しい理論

「宇宙」といえば、大学に入学した一九七〇年前後は、わたしたちのふるさととしての地球に対して、新しい学問の機運が熟していた。その一つは、地球環境の危機が叫ばれはじめたことである。

太平洋戦争の敗戦後突き進んだ高度経済成長で日本の経済はかつてない活況を呈したが、それは自然環境の崩壊という代償を払ってのことであった。川崎や四日市の公害に代表される大気汚染、地下水のくみ上げによる地盤沈下、汚染水の垂れ流しによる水質汚染、農薬や化学肥料の大量使用、環境の劣化によってどんどん増えていった絶滅危惧種、高速道路や新幹線網の建設にかかわる国と地域との対立・紛争など多くの問題が発生していた。

公害問題への対応のために、一九七一年に環境庁（現在の環境省）が設置された。一九七二年には、国際連合人間環境会議がストックホルムで開催された。この会議で、環境の保全と向上をめざし、世界の人びとを導くための共通の理解と原則を定めたストックホルム宣言が出された。これは国際会議で初めて環境保全に関する取り組みを世界に宣言したものである。

もう一つ、地球環境との関連では、大学一年生のときに、一般教養の「自然科学」の科目、「物理」を履修したが、そこで地球に関する新しい理論、「プレートテクトニクス」を知った。伊豆半島と伊豆諸島の島々がハワイ近辺からやってきたという話は、地球環境への関心を否応なしに高めることになった。

ストックホルム宣言とプレートテクトニクス理論は、わたしが大学生活を過ごした当時、大きな話題となっていたが、わたしの関心は、この二つに向かうことはなかった。西洋の古典哲学の研究から人間と自然の関係を探ろうとしたのであった。

「人間と自然の関係」という大きなテーマの研究は、まずギリシア哲学のソクラテスとプラトンから開始した。哲学はもともと「知を愛すること」という意味のphilosophyの訳語である。その哲学は、現在のトルコの西海岸にあるミレトス（現在のミレト）のタレスの「万物の根源は水である」という一言から始まったといわれている。タレスに続いて、万物の根源を空気といったアナクシメネス、地水火風を主張したエンペドクレス、「万物は流転する」といったヘラクレイトス、万物は一つであるとしたパルメニデス、魂の不死を信条としたピタゴラス派など、多彩な哲学者たちが現れた。

ソクラテスの対話

宇宙の根源を問う自然哲学は、アテネのソクラテスに至って、自然ではなく、人間の生き方や価値を対象とした哲学へと展開した。ソクラテス以前の哲学者たちが自然の観察をしたのに対し、ソクラテスは、町のなかに出かけてゆき、人びとと対話することで哲学的な思索を深めた。「対話」はその哲学の方法であるとともに、ソクラテスの活動を作品にしたプラトンの「対話篇《へん》」の「対話」である。

読者のみなさんは、哲学者といえば孤独な思索にふける陰気な人物像を想像するかもしれない。だが、わたしはプラトンの対話篇を読んで、市場で人びとと大声を張り上げて論争するソクラテスの姿に驚愕《きょうがく》した。しかも、対話によって物事の本質を見極めようとすることで、かえって人びとの反感を買い、裁判にかけられて死刑になったというのはとても信じられないことでもあった。じっさいプラトンの最初の作品といわれる『ソクラテスの弁明』を読んでも、死刑に至る過程には納得できなかった。ところが、ギリシア語を勉強してみると、この印象は、日本語訳によるものであることが一つの大きな原因であることがわかった。ギリシア語の原典を読むことでまったく異なる印象に接することになったのである。

ギリシア語の原文で読んでみると、ソクラテスのことば遣いの激しさは半端なものではなかった。これでは人びとが激怒するのも仕方がない。そう感じさせる表現で満ちていたからである。「弁明」を意味するのは、「アポロギア apologia」で、これは英語のアポロジー apology のもとになったことばである。その意味は「弁解」なのだが、ソクラテスの弁明は、まったく弁解になっていないのである。実は、これこそがプラトンがこの題名に込めた意味であることが分かった。この弁明は、実は弁明ではなく、かれを裁判にかけた人びとに対する糾弾のことばであった。この対話篇でプラトンは意図して、ソクラテスが弁明をすればするほど裁判で有罪になり、死刑になってゆく過程を描いたのである。

ソクラテスの時代は、ギリシアの民主制が崩壊してゆく危機的な時代であった。ギリシア世界が巨大帝国ペルシアとの戦争に勝利し、そのリーダー的な存在であった都市国家アテネがペリクレスという偉大な政治家のもとで繁栄を極めたあと、民主制は民衆の人気取りの政治へと変化してゆく。人びとは自分のことだけに利益をもたらす政治家を選び、政治家は自分さえよければそれがいいことだと主張する。「人間は万物の尺度である。あるということについては、あるということの。ないということについてはないということの」と言ったのは、こうした衆愚政治への過渡期に活躍した、いわゆるソフィストたちの代表格、プロタゴラスであった。かれのいう「人間」とは、「個人」ということであり、「自分たちそれぞれ」ということであった。ソフィストたちは、今のことばでいえば、「自分ファーストでいいのだ」という思想を展開したのである。

人類共通の崇高な理念の追求ではなく、個人の利益の追求を正当化する思想を主張したソフィストたちに対して、敢然と立ち向かったのがソクラテスであった。かれは、人びとが自分の利益だけを追い求めてゆく世界がどのようになってゆくか、善や正義を追い求めようとする者をこうした人びとがどのように滅ぼしてしまうかを身をもって示したのである。

プラトンの宇宙論

プラトンはソクラテスの弟子となり、師の思想を深めていった。人間の求めるべき価値の問題を深く追いかけて、いわゆるイデア論という考えに到達したが、それだけにとどまらず、国家制度や法律についても探究の領域を広げてゆき、『ティマイオス』では宇宙論も展開し、さらに、『クリティアス』では理想的な国家が地震によって海底に水没してゆくアトランティスの話を書き残している。

人間と自然の関係を哲学的探究の目標においた私は、なによりもまずプラトンの宇宙論を知りたいと思い、当時まだしっかりした翻訳がなかった『ティマイオス』をギリシア語原典で読んだ。大学四年生のときである。プラトン晩年の作と言われる宇宙創造論で、その壮大な構想に圧倒された。

『ティマイオス』は「神話的な装い」で、しかも、「ありそうな説明」「それらしい理論」という控えめな表現で宇宙の成り立ち、構造を説明しようとする作品である。この作品は、ながくアリストテレスの作品として伝承された歴史があったが、いまではプラトンの真作とされている。

『ティマイオス』は、デミウルゴスという宇宙制作者がわたしたちの住む宇宙を創るとすれば、どんな手順でどんなふうに創るだろうかという関心のもとに、説得力のある説明をするにはどうすればいいかということも考慮しつつ書かれている。「デミウルゴス」ということばは、「デミウルゲイン」という動詞から来ていて、文字通り「創る」という意味である。デミウルゴスはいわば宇宙制作者としての神であり、神は、みずからの精神のうちに、いわばイデアとしての宇宙をもっていて、これを模範として現実の宇宙をつくったとプラトンは説明する。ここで「模範」と訳したのは、「パラデイグマ」ということばで「模型」とか「事例」を意味する。これは、現在では「パラダイム」ということばとなり、人びとがそれに依拠して思想を形成するモデルという意味を担っている。

「パラデイグマ」ということばと並んでわたしの心に残ったのは、「惑星」を表す「プラネーテース」ということばであった。英語でいうと「プラネット」である。天動説をとるプラトンは、木星や土星の一見不規則に見える現象をギリシアの伝統に沿って、「プラネーテース」ということばを使って表現した。「プラネーテース」は、「さまよい迷う」という意味のギリシア語、「プラノーマイ」という動詞から来ている。そこで「迷う星」ということで、日本語では、「惑星」という訳語が与えられた。

地球が動かず天が動くという宇宙観だからこそ、惑星は惑う星なのであるが、やがて西洋の宇宙観は地動説に変わり、動かなかったはずの地球が今度は惑星となった。地球は、ほかの惑星と同じように規則的に太陽を周回する星で、惑星のなかまになったのであった。その惑える星の上でわたしは生を与えられた。

興味深いのは、天動説をとれば、惑星は惑える星ではないということである。地球もまた、惑ってなどいないのであるが、惑う星という意味でのプラネットをそのまま使っていることに、不思議な思いが湧く。なぜならば、人類の選択のゆえにこの星の行方は惑いのなかにあるとしか思えないからである。その惑いの星の上で、わたしたちは、惑い、迷いつつ、自分の人生を選択しなければならない。そしてまた、地球という惑星の将来もわたしたちの選択のなかにあるということもできる。惑い迷う人類の選択によって将来が変わる星、それが惑星地球である。

プラトンの晩年は、宇宙論や知識論、快楽論、法制度論など多岐の関心のもとで多彩な著作に結実しているが、実践的な活動でも傑出している。

プラトンは、ソクラテスから価値の哲学を継承し、国家社会の問題を哲学の中心課題として考察したが、それにとどまらず、イタリア半島の南に位置するシチリア島（当時はシケリアと呼ばれた）の国政改革のために奔走した。それは、プラトンの理想とする国家を実現するための活動であった。この活動は結局うまくいかなかったが、そのような経験も踏まえ、やがてアテネに戻り、現在の大学のモデルとなった高等教育機関を創設した。この学校は、アテネのアカデモスという場所におかれたので、「アカデメイア」と呼ばれている。プラトンの関心がその焦点を教育に結んだのであった。

アリストテレスの人間理解

プラトンが六十歳のときにアカデメイアに入学してきた十八歳の若者がアリストテレスである。二十年間、アリストテレスは、アカデメイアで学び、学園の知性とまでいわれるようになった。

万学の祖といわれる科学者でもあった偉大な哲学者の著作は、論理学から始まり、天文学や生物学を含む自然学的研究が続く。人間と自然の関係についてアリストテレスの思想を理解しようとするならば、彼がどのように生物を研究したかということも知らなければならない。彼は、地中海の各地で生物の研究を行い、素晴らしい業績を残している。『動物誌』『動物運動論』『動物進行論』『動物部分論』などは、現代でも色あせない偉大な著作群である。プラトンの死後、アカデメイアの後継者とならずに、小アジアのアッソスと海峡を隔てたレスボス島で生物の研究を行ったということを知ったわたしは、一九八五年の春に一か月の間、レスボス島に滞在して、生物や地形、地質などを観察した。近年、中東からトルコを経てヨーロッパに渡る難民の中継地となってしまったが、レスボス島を訪れた一九八〇年代は、古きよき時代の名残の色濃い、自然と文化、それに人びとの暮らしぶりも素晴らしい島であった。

ソクラテスのフィールドが市場・広場であり、プラトンのフィールドが現実の国家・社会であったのに対して、アリストテレスの研究フィールドには、人間の社会だけでなく、生物観察を行う野山や海も含まれていた。

さて、アリストテレスの研究でなによりも興味深いのは、人間もまた動物の一種として位置づけられていることである。アリやハチのように社会的生活を営む動物である。ただ、多くの足ではなく、二本の足で歩き、ことばを使う動物である。生物学的研究も踏まえて、彼は、人間を「ポリス的動物」であると考えた。人間は、アリやハチのように社会的生活を営む動物だが、人間の社会性は「ロゴス」によって支えられる。「ロゴス」とは「ことば」であり、「コミュニケーション」であり、ことばで思考する「判断力・分別・理性」である。

天文学や生物学と並び、社会的生活を営む存在である人間の研究である倫理学、政治学、さらに、詩学や弁論術といった言語についての研究など、いまでいう理系と文系の学問の創始者は、同時に、理系と文系をつなぐ学問の原理の研究を第一哲学とする哲学者でもあった。

わたしの関心は、自然に対する研究が生み出した近代の科学技術が、どうして人間の行為によって自然の破壊をもたらすのかということに向かっていたから、アリストテレスの思考のなかで自然に対する研究と人間社会に対する研究とがどのようにつながっているかを考察することをテーマに研究を進めた。

わたしが学んだもっとも重要な思想の一つは、人間には二種類の知的な能力が備わっているということである。それは、自然の必然的な法則性を認識する能力、すなわち真理を認識する能力と、人間が自らの行為を選択することのできる能力、すなわち善をめざし、よりよい行為を選択することを可能にする能力の二つである。

人間が自らの行為を選択することのできる能力、「フロネーシス」を、わたしは「思慮深さ」と訳した。思慮深い人は、自分の目の前にある選択肢を「思慮深く」選択することができる。思慮深く選択できるということは、選択することによって実現できることを積み上げ、目標とする「願望の対象」を達成することができるということである。

行為を選択できる存在であり、その選択を行う能力をもつ存在こそが人間であるということの意味は、人間のふるまいは、自然の必然的な法則によって決まっているのではなく、複数の選択肢からみずからの意思にもとづいて一つを選択できるということを意味している。このことは、選択の自由をもっているということである。人間には自由があるということ、そのことをアリストテレスは、人間は選択する存在であり、思慮深さをもつ存在であると表現したのである。

人間の思考能力は、自然の法則を捉える部分と自由な選択の意思をもつ部分の両方からなっている。しかも、この二つは、人間が自己の存在の可能性を開花させるための、もっとも重要な能力である。

アリストテレスは、人間がその能力を最大限に実現させた状態をすべての人間が願望の対象とする「最高善」と考えた。しかも、多くの人びとは最高善を「幸福」と考えているとしている。人間にとってもっともすぐれた能力は、自然の法則を認識することのできる能力であるが、この能力を発揮できる幸福な状態を実現するための選択を支えるのが思慮深さであった。

さて、人間が自然の必然的な法則を認識する能力をもつだけでなく、自然を利用したり、支配したり、あるいは、破壊したりする「自然に対する行為」を選択することのできる存在であるならば、自然に対する行為の選択は、人間がもっている「思慮深さ」にかかっていることになる。人間が行う行為のなかには、自然に対する思慮深い行為もあるし、自然に対する思慮を欠いた行為も存在する。

わたしは、人間にとって大切なことは、その選択であり、選択を支える思慮深さであるということを学び、この「選択する人間」を自分の哲学の根幹にすえようと考えた。

思慮深さがあることと、迷い、また後悔することとは切っても切れない関係にある。だれもが与えられた人生のなかで、迷うことなく選択することなどありえない。ただ、思慮深い人は、複数のなかから賢くよりよい選択肢を見抜くのである。

人間は、選択すべき対象を知っていて選択するのか、という問いは、ソクラテスのパラドクスといわれる論争を引き起こした。人間は悪いことだと知っていて選択することがあるだろうか。この問いにソクラテスは、人間が誤った選択をするのは無知だからだと主張した。人間はよいことだと知っていれば、そのよいことを行い、悪いことだと知っていれば、そのようなことはしないものだ。なぜなら、そのようなことをするのは無知だからだ、というのである。ソクラテスの考えでは、よい行為をするようになるためには、善とは何か、悪とは何かを知らなければならない。それを教えるのが教育だというのである。

アリストテレスは、ソクラテスに反論して、人間は悪いと知っていても、悪いことを選択することがあると主張した。悪と知りながら悪を行うのは、知を負かしてしまうほどの欲望があるからだというのである。無知が人間の判断を誤らせるというより、人間には意志の弱さというものがあり、だからこそ、後悔したり反省したりする。後悔することや反省することが人間が成長するための契機になるというのである。

読者のみなさんはどう思うだろうか。わたしたち人類の人生は、惑星上で営まれる迷う人生である。いわば「惑星的人生」こそがわたしたちの人生なのである。その迷いの道筋の上に、地球の将来がかかっている。地球と人間の将来に向けて、どのような選択を行うかがわたしたちに託されている。どのような選択肢があるのかを見抜いて、しっかり迷い考えることが大切である。

さて、すでに述べたように、プラトンの死後、アリストテレスはアテネの地を離れたが、やがて勃興しつつあったマケドニアの王、フィリッポス二世に招かれ、王子アレクサンドロスの家庭教師となった。その後ギリシア世界がマケドニアによって統一されると、アテネに戻り、師であるプラトンのように高等教育機関を設立した。リュケイオスの地にあったので、これをリュケイオンと名付けた。アカデメイアとリュケイオンは、西洋の大学のモデルとなり、後世に大きな影響を与えることになった。

朱子学の人間理解

ギリシア哲学から始めて、西洋哲学全般を約二十年かけて学んだが、わたしの関心はあくまで日本の自然環境にあった。日本人は自然を大切にしてきたといわれながら、どうしてこれほどの自然破壊ができるのか。この問いを極めるためには、ギリシア哲学をはじめとする西洋哲学を学ぶとともに、日本の思想的な伝統を学ばなくてはならない。そう考えた。

まず取り組んだのが、鎌倉時代に伝えられ、江戸時代に支配者であった武士の習うべき学問とされた朱子学の研究である。

中国十二世紀の偉大な哲学者、朱熹《しゅき》は、孔子以来の儒学の伝統に立脚しながら、独自の壮大な哲学を展開したので、尊称して「朱子」といわれ、その学問は、朱子学と呼ばれている。

朱子学の中心的な思想は、「仁」ということばで表現される。「仁」とは、「ひとの不幸を見過ごすことのできない心」という儒教の思想的伝統のなかで伝えられたことばである。朱子は、これを「すべての生きているものに対する、生きていることへの共感」と理解した。人間も他の生物もすべて宇宙の営みのなかで「生かされている存在」である。宇宙を朱子は、「天地」と表現しているが、天地がものを生み出す働きを「生生《せいせい》」ということばで表現した。人間の人生も天地の生生の働きによって存在しているのである。この働きを深く自覚し、また行動することによって、自己の存在を天地の間に正しく位置づけることができる。

わたしは朱子の哲学からいろいろなことを学んだが、とくに大切だと思った思想は、宇宙のなかの、大地の上に生を与えられた人間にとって、「生きていること」は、天地の働きによって与えられたものであるということであった。現代的に言い換えれば、ビッグバンから百三十八億年の宇宙の歴史、そのなかで四十六億年の地球という惑星の上で展開された生命進化のプロセス、いわば惑星が辿《たど》る過程のなかで、「生きることを与えられた存在」であるということである。

朱子は、この与えられた生をどう生きるかということを思索した。彼は、わたしたちの生のあり方と生を与えた宇宙の営みとの根源的なつながりをしっかりと認識したときに、わたしたちは自分の人生を正しく生きることができると主張した。こうした主張の背景にあったのは、伝統的な儒教思想と古代中国から伝えられた「易《えき》」の哲学を融合した独創的な思想である。「易」の哲学は、『易経』といわれる本のなかに述べられている。『易経』は、天地の営みのなかで人間がどのような選択をするときに幸福になり、あるいは不幸になるかを見極めようとした占いの書物である。占いの書物であるが、「易をよく知る者は占わず」ともいわれる。人間が迷いのなかで難しい情況に直面すると、どうしても選択を迷う。迷っていてぐずぐずしていると、タイミングを逸してしまう。そのようなときに占いで迷いを絶つべきである、というのが「易」の思想である。だから、

「易」の思想には、人間の選択をめぐる深い思索がたくさん含まれている。

正しい選択をすれば、その行為は「吉」といわれ、誤った選択をすれば、「凶」とされる。人間の生きる状況は常に変転（変易）しているが、他方、その根底には、不変（不易）な法則が存在している。状況のもつ変易と不易の両方、そして、その状況のなかに置かれた自己の位置を考慮し決断すれば、その結果はよいものとなる。

わたしたちの生は、どれも自分で選択したものではない、というこの根源的な認識に含まれる意味を考えて、わたしは、「与えられたもの」の重要性を知った。わたしは、これを「与えられたもの」という意味で、「所与」と表現した。人間の道徳と宇宙の成り立ちについての理解と人間の行為についての考え方を融合しようとした朱子の哲学の根幹には、「所与と選択」の思想があったのである。

このようにして、わたしは朱子学から「所与と選択（決断）」の思想を学んだ。わたしがこの地球上で生を与えられたとき、わたしたち一人ひとりの人間は、同時に「どこで」ということと「いつ」ということも与えられた存在である。生誕地と誕生日は、どちらもわたしが選択したものではない。それは「生きること」と同じように、与えられたもの、所与である。生誕地は、この宇宙のなかの、地球の上の、太平洋の北西部の、日本列島の中央部に広がる平野のなかであり、誕生日は、百三十八億年の宇宙のなかの四十六億年の歴史をもつ地球の歴史の一日のある時間である。宇宙の時間のなかのある時、ある場所を所与として、わたしの生はスタートした。つまり、わたしは、わたし固有の、わたしだけの生の時間と場所という、わたしという存在にとってもっとも大切なもの、かけがえのないものを自ら獲得したのではなく、与えられたのである。

わたしは、生まれたとき、自分の身体をもって生まれてきたのであるから、わたしの身体もわたしが選択したものではない。これも所与である。身体は空間のなかのある場所をスタートとして存在しはじめたのであるから、身体が宇宙空間のなかにもっている「空間的配置」とを所与としてわたしの生はスタートした。それに、わたしは人間としての生を所与としたのであるから、人間であることもわたしが選択したものではなく、所与である。

わたしにとっての所与として人間に生まれたことが、脚で歩いて地球上の空間を移動することのできる「選択」を可能にした。わたしは、歩いたり、乗り物に乗ったりして、地球上を移動することで、さまざまな人や事物に出会うことになった。この「出会い」は、所与でも選択でもない。幸運な出会いも、不運な出会いもあるが、どちらも与えられたものではなく、みずから選択したものでもない。

わたしたちは、この一瞬も無数に多くの人や事物を目撃し、それらに出会っているが、わたしたちは、そのすべてを「出会っているもの」として認識しているわけではない。わたしたちが「出会い」と呼ぶのは、無数の人や事物のなかで、自分の人生にとって重要な、意味ある人や事物と出会ったときである。この意味ある重要な出会いをわたしは「遭遇」と呼んでいる。

遭遇する他の人びとや事物との全体的な関係を「身体的な配置」ということばで表現することができるとすれば、「所与」と並んで、わたしが朱子学から学んだことは、「遭遇」と「配置」ということであった。

日本文化の自然理解

日本の自然環境の劣化という現実の問題を考えるためにつぎにわたしが取り組んだの

は、日本文化のなかで、自然環境がどのように論じられてきたかということである。このことをわたしは、日本の風景論として考察した。

人間と自然環境との関係を考察するために、日本各地を旅したとき、わたしが出会ったのは、平安時代の僧で、日本の風景を和歌に詠《うた》った西行法師であった。京都や吉野、鎌倉、奥州平泉、信州更科《さらしな》など、西行法師は、日本の風景を詠みながら、日本に伝えられた仏教思想と伝統的な神道思想との深い融合を試みた。

西行からは日本人の風景についての思想を学んだ。風景とは、人間がこの世界に生まれたとき、そして、この世界のなかで生きるとき、その人に出現する空間の姿、相貌である。その姿は、人の心に映る。人間もまた身体をもつという意味で空間的存在であるから、心に映じる風景と外界の風景とが別のものであると思ってはならない。風景との遭遇は、その風景に出会う自己との遭遇なのである。つまり、わたしたちの人生は、わたしたちが出会う風景そのものである。

わたしたちは、人生において、瞬時も離れず、風景とともにある。少なくとも目覚めているときには、いつも風景とともに生きている。

毎日わたしたちが経験している風景について、二十世紀の日本を代表する哲学者・大森荘蔵は、「立ち現われ」という独特のことばを使ってつぎのように述べている。

たしかに全宇宙は四六時中私に立ち現われている。しかし、その立ち現われる姿は一刻として同じ姿ではない。私が街を歩くとき、その現在只今《ただいま》の街の部分が知覚的に照明を与えられ、それ以外の宇宙はいわばその背後に思いこめられた姿、その姿で宇宙が立ち現われている。私が歩を進めれば知覚の照明部分が移動し変化する。先程の現在只今はもう想起的な立ち現われの姿となっている。歩きながら去年の旅行のことを思う。するとその山や川が想起的な照明をうけて立ち現われる。このように私に常時立ち現われている全宇宙は、刻々とその姿を変えて立ち現われているのである。この時、誰かが私に或《あ》る山の名を呼ぶと、その山が或《ある》いは想起的な、或いは想像的な照明をうけた姿での、そしてそれを包む全宇宙が、立ち現われるのである。同時に、今私が歩いている街は依然として知覚的な照明をうけているが、すでにその山の名を聞く前よりは多少なりともよそよそしい、そして細部がぼやけた相貌に移っている。しかもそのような街とその山とは地続きなのである。そのような姿で全宇宙が立ち現われるのである。

（大森荘蔵『物と心』「宇宙風景の「もの－ごと」」）

大森のいうように、わたしたちそれぞれの人生は生まれたときから死ぬまでそれぞれに立ち現われる風景とともにある。それぞれの風景はそれぞれに立ち現われるものという意味で、それぞれの人生の一部である。人生の一部であるから、それぞれの自己の一部である。

しかし、風景はあまりにも離れがたく一緒にあるので、わたしたちは風景との出会いを見失いがちである。言い換えれば、わたしたちの見ている風景がどれほど大切なものか、その価値を見逃しがちである。

風景の大切さを深く心に留《とど》めるためには、風景と出会う旅に出ることが必要である。日常のなかで気がつかなかった風景の大切さに気づくことのできる旅こそが、西行のもとめた風景への旅であった。

わたし自身の旅のなかでの西行法師との遭遇は、西行が平安時代に旅をした日本の空間との遭遇でもあった。いまから千年も前に西行が立った場所にわたしも立ち会っている。その感動のなかで、わたしに思い浮かんだことばが「空間の履歴」であった。

空間の履歴とは、人が出会う風景のなかに蓄積された空間の歴史である。しかし、その歴史は、過去のものではなく、現在に属している。わたしはいま、西行が立ち会ったという履歴をもつ空間にわたしの身を置いているのである。

履歴書が人の歴史を過去から現在にまで積み上げることで、現在に属し、また未来の可能性を拓くように、「空間の履歴」も、過去から蓄積され、現在に属し、未来に開かれている。履歴をもつ空間に遭遇しているのは現在であるが、この現在という時点で、これから人間と空間がどのような関係をつくろうとするかは、この空間の可能性として含まれている。その可能性を、つまり選択肢を履歴が用意しているのである。

日本の国土には、宇宙と地球の成り立ちから人間と自然の関係の歴史まで、複雑で興味尽きない空間の履歴が蓄積されている。その蓄積された履歴を読み解くことが私自身の哲学的な考察の対象となった。

こうしてギリシア哲学で出会った「コスモス」の思想は、西洋哲学、中国哲学、日本哲学の研究を通して、地球環境のなかでわたしという人間が出会う空間の相貌（姿）としての風景の考察に至った。風景こそ一人ひとりの人間が出会うコスモスの立ち現われている姿である。

やがて風景の思索は、わたしの実践的活動のフィールドとなってゆくのであるが、実践への歩みについて話を進める前に、わたしの学問と研究とを取り巻く「教養」と「教育」の変化について次章で考えることにしよう。

第3章　よみがえる教養

制度としての大学

前章までは、「教養とは何か」という問いについて、わたし自身の学問研究の道筋に沿って考察してきた。わたしの関心の中心は、人間が選択してきたさまざまな行為の結果として、自然環境を危機的な状況に追いやり、ひいては人間の存立の基盤をも脅かしているという事態について、どうしてそういうことになったかという問いであったが、この関心をもちつづける過程で、「パイデイア」と「コスモス」、つまり、「教養」と「宇宙」とが二本の柱となったということを述べた。

人間と自然の関係にまなざしを向ける作業を継続しながら、他方、「教養」についてはやがてわたしが仕事として選んだ大学教育のなかで、大きな波に何度も見舞われることになった。このことがこれから「よみがえる教養」というテーマで教養について論じる理由である。本章では、近代から現代に至る日本の教育制度のなかで揺れ動いてきた「教養」に触れながら、わたし自身も巻き込まれざるをえなかった「教育－教養」の問題について考えてみたい。

読者のみなさんも、日本にいる限り、高校から大学へ進学するとき、かならず日本の教育制度という仕組みのなかで勉強しなければならない。大学から指示されたカリキュラムと履修の方法に従って授業に出席し、試験に合格して、単位を取る。大学卒業資格には取得すべき単位数やその区分についても決まりがあるから、みなさんは、こうした学習の仕組みにそって自分の学ぶべき学問やスキルを選ぶだろう。「選ぶ」といっても、何でも選べるというわけではない。開講されている講義の数や内容、講義をする教授、その他、いろいろな制約のもとで勉強を進めることになる。よりよい選択をしようとすれば、開講されている授業科目や履修の方法がどのような仕組みのもとで提供されているかということをよく考えることが大切である。

ただ、通常、学生諸君は、そのような制度的な条件について深く考えることなく、与えられた選択肢を選びながら、毎日の生活を送っているにちがいない。

そこでちょっと考えてほしいのは、そのような大学のカリキュラムであっても、要するに人間の形成した制度的な仕組みのなかにあるということである。どのような制度をつくるかということを考えるためには、何のためにそのような制度をつくるのかという問題に目を向けなければならない。何のためにというのは、制度のもつ目的である。目的を別の言い方でいえば、制度によって実現されるべき理念である。大学のカリキュラムもまた大学という教育制度が実現すべき理念をもとにつくられている。

日本の大学制度は、太平洋戦争後も大きな改革の波を被った。その過程で、「教養」ということばのもつ意味も価値も浮き沈みを繰り返した。この浮き沈みが大学の仕組みや役割を変えてきたのである。これから大学への入学を志す高校生も、大学に入って勉強を進めようとする大学生も、カリキュラムの基礎となっている「教養」の理念がどのようなものであるかを知ることは、選択を制約している制度的条件を知ることにもなり、選択の本質を知ることにもなる。カリキュラムの選択が将来の職業選択にも、さらにはその後の人生にも大きく影響することを思うならば、そのような理念について少し考えてみることも意味をもつことだろう。それはもしかすると、どのような授業科目を履修するかという目の前の選択を考えることよりも大事なことである。

じっさい「教養」の制度化がどのように教養を学ぼうとする若い人たちの選択肢を制約しているかを知ることは、選択の本質を知ることに役立つのである。だから「教養」について知ることそのこと自体が教養を深めることにもなる。教養ある人は目の前にある選択肢を見抜くことができるのに対し、教養を欠く人は、目の前に広がる選択肢を選択肢として認識することができない。とくに制度の上で提供されてくる選択肢を鵜呑《うの》みにすることは、自分の選択を制約している条件に目が行かないということである。だから、現代の大学制度のなかで真の教養を身につけようと思う人は、大学で教養科目を学ぶ前に、まず教養とは何か、自分が学ぼうとしている大学の教養はどのような思想、理念と制約のもとにあるかを知るべきである。

不死鳥としての教養

「教養」は古くさいことばだが、決して廃れてしまうことはなく、時代の節目に命を吹き返してくるので、伝説の鳥、フェニックスに譬《たと》えることもできる。フェニックスというのは、長命で周期的に生まれ変わるといわれている伝説上の鳥で、不死鳥と訳されているが、まったく死なないのではなく、老いると火のなかにみずから飛び込んでよみがえる。それで火の鳥ともいわれる。そのように、教養も時代の節目、節目で生き返ってくる。

近代日本の歴史のなかで、「教養」という不死鳥は、大正時代に現れ、その後三度よみがえったように思う。一度目は、一九四五年に日本が太平洋戦争に敗北したとき、二度目は、バブル経済が崩壊して失われた時代といわれた一九九〇年代のなかごろ、阪神淡路大震災とオウム真理教事件のとき、そして、三度目は、二〇一一年の東日本大震災と東京電力福島第一原子力発電所の爆発という出来事のあと、社会が大きな危機に直面したときである。

日本の近代化の過程で、「教養」ということばが表舞台に立ったのは、大正デモクラシーの時代、人びとの間で民主主義思想が流行した時代に言われた「大正教養主義」である。この時代の教養とは、明治時代の儒教的教養から脱し、近代西洋を含む世界の文化に目をやりつつ、個人としての人格を磨くことに重きを置くものであった。

その後、昭和に入ると、国家主義的、帝国主義的な政策のもと、人々の心は広い教養から視野を狭めて国粋主義へと変貌した。やがて日本は、国際関係のなかで孤立し、無謀な戦争へと突入していった。後から考えると日本の敗戦は当然のように思われるが、政府は、敵国のことや戦況の情報を国民に隠しつづけたので、国民は戦争継続ということ以外の考えをもたなかった。戦争を継続するか、終結するかという選択肢は、ごく一部の人びとのうちにあったからである。選択肢をもたないまま、ほとんどの国民は勝利を信じていた。あるいは信じ込まされていた。たしかにある人びとは信じてはいなかったのだが、それはあくまで心のなかでの話であった。やがて国土は爆撃によって荒廃し、原爆投下という事態に至ってはじめて、無条件降伏という屈辱的な敗北を喫することになった。「屈辱的」というのは、勝てるはずのない無謀な戦争だったからである。「無謀」というのは、文字通り、「はかりごとがないこと」、「思慮深さに欠けること」である。どのような選択肢があり、どのような選択をすれば、自らが滅びるかということに対する思慮深さである。敗北は、すでに「はかりごとのないこと」のうちに含まれていた。

驚いたことに、戦後、人びとは軍国主義の服を簡単に脱ぎ、見事に民主主義の装いを纏《まと》うことに成功した。これは驚くべき変身だったように思う。敗戦から六年後に生まれたわたしが大学に入ったとき、多くの学生はマルクス主義やレーニンの思想を学び、社会主義、共産主義に共感をもっていて、大学を解体せよと叫んでいた。が、その同じ学生たちが大学紛争終結の時代を迎えると、いつの間にか二十四時間戦う企業戦士に変身していった。どうも日本人は、思想をファッションとして着替えることが得意なのではないかとわたしは思った。多分、現代の若い人たちには想像もできないことと思うが、多くの若者が高校時代からマルクスの『資本論』やハイデッガーの『存在と時間』、サルトルの『存在と無』などの難しい哲学書を読んでいた。高校の図書室に行くと、これらの本は借り手の多さで、表紙もページも真っ黒になっていたのである。

思想をファッションのように装うことの不得意なわたしは、こうした時代の流れに乗れないまま人生を送ってきたが、なによりも不思議でならなかったのは、軍国主義から抜け出た日本が戦争の選択とその結果の敗戦ということについて、十分な反省をしたとは思えなかったことである。いつだれがどのような選択肢を前に、どのような選択をしたことで、このような無残な結果になったかを問う機会はなかったのではないか。日本の軍隊が選択を誤った事例として語られる「インパール作戦」などについて綿密な検証がなされるようになったのは今世紀になってからである。

ただ、敗戦当時、戦争へと突き進んだことへの反省から、ひろく教養を身につけることが必要であると考える人びとがいた。こうして、大学のなかに教養を組み込む教育体制がつくられたのである。

当時の大学改革の背景にあった教養の思想は、「飾りとしての教養」ではなかった。国家が戦争に傾き、人びとが巻き込まれていくという社会的危機を感じ取って、その回避を考え、実行できる能力としての教養である。

しかし、「人間の精神の拠《よ》り所としての教養」が日本人に不可欠であるという認識は、制度化されることによって、その本質を忘れ去られる運命にあった。

戦後の大学改革で、大学に入学したときに、一、二年生の学ぶべきものとして位置づけられた科目が「一般教育科目」である。さらにそれを教えるためのカリキュラムが教養課程とされた。この制度を担う教授たちの所属するところが教養部といわれ、かれらは、教養科目担当教員となった。ただし、東京大学だけは、教養学部という学部として発足した。

新制大学に入学した学生は、「教養」を大学の授業のなかで学ぶことになった。一、二年生は教養を学ぶ、三年生から専門を学ぶというように。

大学の一、二年生で「教養」を学ぶように制度化されたということは、重要なことを意味している。一つは、「教養」は、大学に入学すると自動的に「受けさせられる」ことになったということである。もちろん、教養科目といわれた授業は複数あって、そこには、必修科目と選択科目があった。必修は選択から区別された。もちろん必修であるから、選択するか否かの自由は学生にはなかった。

もう一つ重要なことは、「教養」は「専門」から区別されたということである。教養課程は一般教育とも言われた。一般教育というのは、英語でいうと、ジェネラル・エデュケーションで、「ジェネラル」というのは、「ゲヌス（類）」に属するという意味である。ゲヌスはラテン語で、スペキエス（種）と対照的に語られる。「スペシャル」ということばはスペキエスから来ている。ジェネラルは「類的」、スペシャルは「種的」ということである。たとえば、「動物」と「ヒト」でいえば、「ヒト」は種で、「動物」は類である。「人間は一種の動物である」というように、種は類に含まれているから、本当は、類と種は対立的ではないのだが、専門教育は一般教育と対立的で、それぞれは別であって、入門としての一般教育のあとに専門を学ぶというふうに位置づけられた。つまり、専門は一般の一部として含まれるのではなく、一般の上に位置し、対立的に語られることになった。イメージでいうと、教養は平ったい土台であり、専門はとんがって上に向かう形をしている。

教養が専門と区別されることはまだいいとしても、理工系の教養教育は、専門を学ぶための基礎的なトレーニングとして位置づけられた。要するに、教養は専門より下位に置かれたのである。じっさい一般教育担当の教授は、専門の教授よりも低い地位にあった。

わたしが大学に入学した一九七〇年当時の授業は、基礎教育ということで、人文系、社会系、理系の学問の基礎を学ぶという授業が教養教育の名のもとに行われていたが、授業の内容は、専門的な学問の初歩を教授が大教室で講義する形式で、学生たちはそれをノートにとって試験に備えるという形式であった。その意味で高校の授業の延長のように感じる学生も多かったのである。

バブル経済時代の教養

戦後の教養教育が変貌を遂げたのは、一九六〇年代の高度経済成長の時代を経て、一九八五年にニューヨークのプラザホテルで行われた国際会議で円高が容認されてから起きた、バブル経済の時代である。

「プラザ合意」というのは、当時アメリカの貿易赤字によってドルが安くなり、財政赤字も累積していた状況のなかで、先進国が自由貿易を守るためにドル安を容認したことを指す。これは、日本にとっては円高を意味した。

高くなった円によって、日本は空前の好況となった。ジャパン・アズ・ナンバーワンともいわれるようになり、世界の先端を走れという掛け声のもと、とにかく専門を重視しなければ世界と戦えないという思いが大学にも政府にも蔓延《まんえん》した。

一九九〇年代になると、教養教育を国の統制のもとに置くのではなく、大学独自に運営すべきだということになり、「大学設置基準の大綱化」という看板のもとで、一般教育の「大綱化」、つまり、それぞれの大学の工夫でやってよろしいということになった。大綱化の背景には、教養教育の形骸化と教養部という教育組織の硬直化という問題もあった。

文部省のなかには、形骸化、硬直化した教養教育を変えるための改革と考えた人びともいたようだが、実際に行われたのは、教養教育を担う組織の改変であり、一般教育組織の解体ということになっていった。一九九〇年代の大学改革は、教養部の解体とともに、教養の大切さも見失われていったように思う。教養という不死鳥は瀕死《ひんし》の状態に陥ったわけである。

特筆すべきは、教育改革を進めようという決断が行われたのが一九九〇年の大学審議会での答申で、そのときは、失われた十年とも二十年ともいわれる長期低迷の時代が到来するとは誰も思っていなかった。

震災とよみがえる教養

では、教養は死に絶えたのかというと、そうではなかった。教養は、危機の時代によみがえるからである。危機の時代というのは、教養にとって危機の時代という意味もあるが、教養が人間の根幹に位置するものであるならば、人間の根幹の危機の時代によみがえる、という意味でもある。

よみがえりの兆候があったのは、一九九五年の阪神淡路大震災とオウム真理教事件である。

一九九五年一月十七日に起きた阪神淡路大震災では、地震学者も予想すらしていなかった事態が起きた。淡路島から神戸の市街地に延びる活断層が動き、近代技術の粋《すい》であった高速道路が倒壊した。市街地が灰燼《かいじん》に帰すなか、懸命な救出作業が行われたが、多くの犠牲者を出した。科学技術への過信と巨大災害が起きたときの社会の備えの脆弱《ぜいじゃく》性が露《あらわ》になったのである。

阪神淡路大震災では、自然災害に対する科学技術の役割と社会システムの役割の両方が同時に問われることになった。科学技術だけでは、あるいは、社会システムの備えだけでは、自然災害のリスクに対する備えとしては十分ではない。その両方をどううまく組み合わせるべきかが課題であると考えられた。このとき生まれた災害ボランティアの活動は、その後日本各地で起きた自然災害にも大きな役割を果たすことになった。

阪神淡路大震災から二ヶ月ほどあとに、日本社会を震撼《しんかん》させた事件が東京で起きた。オウム真理教信徒による地下鉄サリン事件である。それは、オウム真理教の唱える教えを信じた優秀な、しかも理工系の学問を学ぶ大学院生たちが東京の地下鉄で猛毒ガス、サリンをまきちらした事件であった。

理工系の優秀な学生たちが宗教教団に入信し、大事件を起こしたことで、理工系の学問を学ぶ学生たちこそ、宗教の本質や人間の社会についての深い理解をもつべきだという主張が多く聞かれることになった。

ある大学が文学部哲学科をなくそうという計画を立てていたところ、オウム事件をきっかけに、文部省からその必要はないといわれたという。文部省は方針転換したのだ、と思ったのだが、時すでに遅く、一九九〇年代はじめから行われた教養部解体、教養教育の縮小の流れは止めることができなかった。そのころ多くの大学で、文学部のなかにあった哲学科は解体されるか、縮小されていった。

教養はやはり大切だという思いだけでは、教養組織の解体を押しとどめることはできなかったが、他方、教養組織を解体して新しい大学院をつくるという流れもあった。文系と理工系の学問を融合する大学院、文理融合型大学院がつくられたのである。わたしが属していた東京工業大学でも新しい大学院を組織することになった。文系と理工系の融合教育の理念のもとに、制度化して整備することになり、わたし自身、この大きなプロジェクトの一メンバーとしてその制度づくりにかかわることになった。

「高度な教養」教育

新しい大学院をつくるときの理念は、文系と理工系の学問を融合していかないと、現代社会の多くの問題は解決できないという認識にもとづいた。阪神淡路大震災のような巨大自然災害に人類はどう備えるかという課題や、理工系の科学技術を偏重する教育を受けた学生たちが社会のもつリスクに直面したときの行為の選択の問題である。そのほか、当時は、まだ携帯電話もスマートフォンもなく、コンピュータもごく初期で、インターネットもなかったが、情報技術が高度化したとき社会はどのように対応したらよいかといった問題や、遺伝子操作のような生命操作技術が進歩したときに、どのような倫理的な問題が発生し、それにどう答えたらよいかというようなことも、近い将来に必ず直面しなければならない問題と考えられた。温室効果ガスの排出による地球温暖化が進んでいるという認識が深まる一方、エネルギー問題とも関係する原子力発電にともなう高レベル放射性廃棄物処理の問題も困難な問題として待ち受けていた。

既存の学問をそれぞれ研究し、また教育していたのでは、こうした問題を解決することは不可能であるという認識も深まっていった。細分化された専門的知識では、人類の直面する課題の全体像を摑《つか》むことも、課題解決に立ち向かうことも難しいということをだれもが感じていた。そのとき求められたのは、自然や社会を客観的に分析研究する近代的学問のあり方や批評・評論する言説ではなく、問題の本質を明らかにすると同時に、それを解決するための技術・方法を研究開発することであった。人類の直面する困難を克服するための知的技術ということもできる。それは、決して既存の専門の下位に従属する知識ではありえず、ましてや専門の前段で学ぶ入門的な知識でもありえなかった。タテワリ化した、あるいはタコツボ化した学問を超えた、新しい視野のもとで問題解決をはかるリーダー格の学問でなければならなかった。その意味で、戦後の従属的教養ではなく、新しい時代の高度な教養が求められたのである。

要するに、「高度な教養」とは、飾りとしての教養ではなく、また、制度的に専門の下位に従属する教養でもなく、現代社会が直面する課題を克服するための思考力である。このような「力」としての教養の必要性が再び叫ばれるきっかけとなったのは、二〇一一年の東日本大震災という未曽有《みぞう》の自然災害とそれによって引き起こされた東京電力福島第一原子力発電所の出来事である。

わたしが原子力発電所の爆発を「出来事」というのは、たんに「事故」と表現できないものだからである。事故を防ぐことのできなかった技術者や研究者たちは、「想定外」ということばや「安全神話」ということばを語った。たしかに、タテワリ的な学問やタコツボ的研究では、その視野の狭さから「想定外」ということばを使う、というのは想像できた。

しかし、「安全神話」ということばを科学者たちが語ることにわたしは心底驚いた。なぜなら、科学技術者は、自分たちの科学的言説を「神話」などということばで語ってはならないと信じている人びとだと思っていたからである。かれらは、かれらのもっていた科学技術が自然災害にも十分対応できると科学的に信じていたにもかかわらず、その信念が崩れたときに、それを「自分たちの科学的認識が誤っていた」とか「認識が不十分であった」といわずに、「安全神話に陥っていた」と語ったのである。科学的想定を超える事態が生じたとき、かれらが「神話」ということばを使ったことがわたしの耳には異様に聞こえたのであった。そこには、科学は誤らず、誤っていたとすれば、科学ではなく、神話であるという、科学者たちの科学観があった。

だが、科学は進歩する。このことはだれも疑わないであろう。ある時代の科学的言説は、つぎの時代の言説によって否定されるか、あるいは乗り越えられ、新しい理論のなかに包摂されていく。これこそが科学というものの本質である。人類によって切り開かれた輝かしい科学の進歩は、まさに人類の歴史のなかでの「克服をともなう進歩」であった。

科学的言説がその根底とともに覆され、新たな言説が登場することをトマス・クーンは、「パラダイム転換」としての「科学革命」と呼んだ。

地球環境にかかわるパラダイムの転換といえば、すでに述べたように、プレートテクトニクスであろう。海底が動くというプレートテクトニクス理論が登場したのは、原子力開発が進められてから十五年以上経過した一九六〇年代である。プレートがダイナミックに動くという説に立つならば、開発に対してもっと違う備えができたかもしれない。安全神話を語った科学者たちは、新しい地殻変動のパラダイムに立って予想していなかったのである。

東日本大震災が起きた二〇一一年、わたしが当時勤務していた東京工業大学では、教養教育の重要性の認識のもとに、リベラルアーツセンターをつくろうということになり、わたしがセンター長を務め、センターの理念から組み立てることになった。その理念が「人間の、人間としての根っこを太くする教育」である。

「人間の、人間としての根っこを太くする教育」の理念は、「人間の、科学者・技術者としてもつべき飾りとしての教養」でもなく、「科学者・技術者の、専門人としてもつべき教養」ということでもない。「人間の、人間としての……」とややくどい言い方をしているのは、科学者であっても、本来は人間であり、その人間としてもつべきものという意味を強調したいからである。科学者ゆえの見識ではなく、専門の肩書きを外した人間としての見識である。

福島第一原子力発電所の大事故の責任を問う議論が延々と続いている。こうした議論では、技術者や科学者、あるいは経営者としての責任はもちろん問われるべきである。しかし、技術者や科学者、経営者も肩書きを外せば人間である。根としての人間があり、その上にさまざまな肩書きがある。肩書きゆえの見識ではなく、また責任でもない。人間の、人間としての見識、責任、そして、その根底にある教養が問われている。すなわち、そうした人びとがどのような根拠で選択したか、また意思決定したのかということが問題である。

わたしが創設に参加した文理融合型の大学院社会理工学研究科は、その後の大学院改革で解体され、あたかも水泡が消え去るように二十年でその命を終えることになった。科学技術と社会の間に生じるさまざまな課題の解決をその理念のなかに組みこんだ大学院は、文理融合型の最先端の試みとして多くの融合型大学院の創設に大きな影響を与えたが、東京工業大学そのものにその内実を十分評価されないまま解体、終焉《しゅうえん》を迎えたことは、日本の大学教育の未来に対してこの上ない損失になったと思う。東京工業大学の新たな大学院組織は、社会のあり方を先端的に研究する大学院ではなくなっていった。わたしの目から見ると、情報技術のめざましい発展に対応する現代社会をどうデザインすればよいかというソフト系の学問へと向かわずに、「ものづくり立国」という旧思想に目を向けたままの日本社会と歩調を合わせるような変化であったように思う。

大学院社会理工学研究科の解体とともに、リベラルアーツセンターもその役割を終え、わたしも定年を迎えることになった。わたしが在職した社会理工学研究科の二十年間は、日本の教育のなかの「高度な教養」について考え、議論し、制度化の実験を行うことのできた夢のような時間であった。

第4章　ソフィアとフロネーシス

リベラルアーツと「自由」

変転する教養の意味と評価について根幹に戻って考えようとするとき、どうしてもプラトンやアリストテレスなどのギリシア文明を引き継いだヨーロッパの学問的伝統に触れないわけにはいかない。

「リベラルアーツ」ということばは英語だが、「リベラル」と「アーツ」はもとはラテン語である。「リベラル」ということばは、「自由な」という意味で、「自由」を意味するのが「リベルタス」ということばである。「アーツ」は、「アルス」を語源としていて、技芸、学芸、あるいは、「芸術」とか「技能」という意味である。文字通りでは、「自由なアート」という意味になるが、もともとのラテン語は、「アルテス・リベラーレス」で、自由学芸、もともとは複数なので、自由学芸諸科目というほどの意味である。

どうして「自由」ということばが使われたかというと、古代ギリシア・ローマ時代には、リベラルアーツは人間が自由であるための知識や能力と考えられたからである。肉体労働から解放されている自由な市民は、社会の運営に参加すること、たとえば政治に参加したり、裁判官になったりすることができるように、そのための基礎的な能力を身につけることを求められた。

ギリシアから西に向かった教育や学問についての思想はヨーロッパ世界に大きな影響を与えた。学問の名前や学術用語は、ギリシア語起源のものがたくさんあって、たとえば、数学 mathematics は、もともとギリシア語で「学ばれるもの mathematika」という意味である。倫理学 ethics は ethika で、「人柄に関することがら」という意味である。政治学 politics を意味する politika というのは、「ポリスにかかわることがら」で、ポリスとは、国とか社会という意味である。

古代ギリシアでは、社会で活躍する市民となるためには、基本的な言論技術、つまり、文法、修辞、論理学を身につけることが必要であると考えられた。これらは、たんにおしゃべりする能力ではなくて、社会を運営するための高度なコミュニケーション能力である。

さらに、ヨーロッパでは、算術、幾何学、音楽、天文学が加わっている。音楽を別にすれば、いまでいえば理系の科目である。音楽も古代ギリシアでは、ピタゴラス派の人びとが研究していて、彼らの思想では、天文学と音楽と数学と宗教が融合していた。やがて、自由七科といわれた科目が大学のカリキュラムのなかに位置づけられ、さらにいわゆる「ヒューマニティ」という人文学の諸学問が含まれるようになる。十二世紀に書かれた自由七科の図では、哲学を中心にして、その周りに七科目が配されている。

戦後の大学教育の改革は、こうした「リベラルアーツ」の伝統をもつヨーロッパの大学制度とアメリカの制度を学びながら進められたのであった。

思考の枠からの解放

「リベラルアーツ」の「自由」とは、労働という束縛から解放されるという意味であった。解放された時間、余暇を使って高度な自由を得るために人びとが求めたのが学問である。学校を意味するスクールは、ギリシア語で「余暇」を意味する「スコレー」に由来しているが、そこにあるのは、労働から解放されて遊ぶことが自由なのではなく、よりよい社会生活の実現に参加するための教養を得る時間こそが余暇であるという考えである。

リベラルアーツが人間を拘束するものからの自由ということを考えるのであれば、現代社会で人間を縛るのは何かを考えてみるのもよいだろう。宗教的な信念が人間の思考を縛ることもあれば、安全神話としての科学的言説が人間を縛ることもある。タテワリやタコツボとなった学問も、人間の知性を拘束する。しかも、学問による拘束は、たんなる思考や思想の拘束というだけでなく、大学のなかの学部、学科という組織、学会、そして、その学会とつながった行政組織や企業といった人びとのグループ、そしてそれらの組織や人びとの行動を規制する資金の流れといったものと深くかかわっている。科学技術は、国家の経済発展の戦略と不可分であるから、学問研究の自由は、深く研究資金の流れと関連している。

人間を拘束するさまざまな束縛から自らを解放しようと学ぶことを志しても、わたしたちは完全な自由の身になるわけではない。タテワリ、タコツボといわれる学問は、現代社会のなかで現れてくるさまざまな問題を解決しようとするときには、自由な発想を拘束してしまうので、自由を拘束するもっとも強力な束縛となる。選択との関係でいえば、タテワリ化され、タコツボ化した知識だけをもってしては、人類の直面する課題解決のための選択肢を選択肢として認識できないからである。

こうした反省に立って、境界領域を学ぶことの大切さが説かれてきた。学際的（インターディシプリナリー）な研究が大切だ、あるいは、文理融合的な研究が必要といわれたのである。たとえば、環境問題やエネルギー問題を解決するためには、いろいろなアプローチがあるが、理工系の技術だけでなく、社会的な技術、政治学や経済学、さらには、環境にかかわる倫理学なども学ぶ必要がある。

では、そういった関係の学問の基礎を学べば教養を身につけたことになるのだろうか。この「身につける」という表現であるが、たとえば、装身具を身につける、衣装を身につけるという言い方では、身につけるものは、身とは別のものである。しかし、教養を身につけるというのは、こうした身体とは異なった対象を指しているのではない。知識を身につけるというのは、知識がその人の血肉になることである。

人類が直面する危機的な課題に立ち向かおうとするとき、人は専門家として対応できても、一人の人間として困難な事態に対応できるとは限らない。人間の救済のために科学技術を発展させなければならないと思ってきた研究者が自分のしていることがじつは社会に対して本当に利益になることをしているのだろうかと考え始めたとき、陥った困難な状況を抜け出すことができるのは、専門家としてではなく、一人の人間としてどのように対処するかということである。科学技術が枝とすれば、その根底にあるのは、「人間としての根っこ」なのである。どんな枝を伸ばすかによって根っこが決まるのではなく、どんな根っこを張ることができるかでどのように枝を伸ばすことができるかが決まってくる。もちろん根を太くするのは、葉と枝から供給される栄養であるから、葉と枝によって根の姿も変わってくる。その根っこは、木自身が太くしていかなければならないのである。

ソフィアとフロネーシス

ここで、人間としての選択を支える知の姿を考えてみたい。具体的には、アリストテレスが区分した二つの知的能力、すなわち、科学的探求および学問的論証能力である「ソフィア」と、行為の選択を行う思慮深さ「フロネーシス」の両者を考察しながら、両者の協働を実現すべき現代にふさわしい新たな思慮深さ、いわば深慮遠謀する力としての「フロネーシス」について考えてみたいのである。

「ソフィア」も「フロネーシス」もギリシア語である。これを正確に日本語に対応させようとするととても難しい。どちらも人間の知的能力を表すことばであるが、伝統的に高度な知的能力を表すのは、「ソフィア」のほうである。

ソクラテスから哲学を引き継いだプラトンは、価値の根源ともいうべきもの、たとえば「善とは何か」という問いが向けられているものを「善の究極の姿」という趣旨で「姿」を表す「イデア」ということばを使って「善のイデア」と呼び、善のイデアを認識する能力を「ソフィア」と呼んだ。ソフィアをもつものが「ソフォス（賢い人）」と呼ばれるのである。

プラトンの考えでは、価値の認識も数学的真理の認識も同じソフィアの対象であるから、アリストテレスのように二つの知的能力を区別することはなかった。というのは、プラトンは、ソクラテスから受け継いだ「悪と知りながら悪をなすものはいない。悪をなすとすれば、それは善に対する無知に由来するのだ。大切なのは、善の知を人の心に呼び覚ますことだ」という知徳合一の考えを教育思想の基礎にしていたからである。

しかし、アリストテレスは、「悪と知りながら、悪をしてしまう人間はいる」という立場に立っていた。その上、かれは自然の客観的な認識を獲得する知的能力と人間の行為の選択にかかわる知的能力は異なっているという立場をとった。そのために、自然の認識にかかわる知的能力を「ソフィア」と呼び、人間の選択にかかわる能力を「フロネーシス」と呼んだのである。

では、この二つの知はどのように日本語に訳したらよいのだろうか。プラトンの場合には、「ソフィア」を「知恵」と訳してもそれほど違和感はないように思われるが、アリストテレスの「ソフィア」は、「知恵」とはいいにくい。というのは、彼は、このことばを「学問的な認識能力」と考えていたからである。アリストテレスは、学問的論証の起点になる原理に対する直観（「ヌース」という）と原理から導いて結論を得る論証の能力（「エピステーメー」といわれる）を区別した。エピステーメーという名詞のもとになる動詞は、「エピスタマイ」で、これは「知る」という意味である。プラトンにとってもエピステーメーは、ものごとの真理を知るという人間の能力を考える上で不可欠のことばであったが、原理と推論の規則にもとづいて論証する能力という限定された意味には用いていない。他方、アリストテレスは、ヌースとエピステーメーとによって人間の知的活動は行われる、とくに自然界の必然的な真理は認識されると考え、この二つを合わせて「ソフィア」と呼んだのである。つまり、ソフィアは「学問的論証能力」という意味であった。

東京工業大学大学院社会理工学研究科・価値システム専攻を新設するための議論に参加したとき、わたしは、「価値」ということばが議論されるたびに、今述べたようなプラトンとアリストテレスの論争のことを思い出していた。二十一世紀の価値とはいったい何だろうか。それにかかわる人間の知的能力をどう呼べばいいのだろうか。新しい大学院で実現すべき知的能力とはいったいどのような能力だろうか。

現代の「思慮深さ」とはなにか

アリストテレスは、人間を「社会的な動物」ととらえた。フロネーシスは、行為にかかわる思慮深さである。アリストテレスは、これを倫理的能力としている。人間は、個では生きることができず、社会的な存在として生を全うしなければならないからである。フロネーシスは、社会生活を営む知的能力でもあり、国家を運営するための政治的能力でもあった。したがって、行為を選択する存在が人間であるならば、誰もが思慮深さとしての「フロネーシス」をもっている。しかし、人間が社会的な動物であるという点を考慮するならば、高度なフロネーシスは個々の行為の最適性を認識するとともに、行為の構造や行為の目的と手段、行為をめぐるさまざまな課題、社会的な動物としての人間の本質について考察するであろう。人間の個人の性向としての人柄や集団としての社会構造、政治システムなど、こうした領域にあるのは、純粋で厳密な認識ではなく、すぐれた行為を行い、よりよい社会を実現するための選択である。そのための知的な営みは、自然についての真理を与える理論ではなく、よりよい選択のための営みであるから、アリストテレスは、これについて過度の厳密さをもとめるべきではないと語っている。

すぐれた科学者のもつ知的能力とすぐれた政治家のもつ知的能力は異なる。アリストテレスのことばでいえば、前者はソフィアであり、後者がフロネーシスである。現代社会では、ソフィアをもつ人とフロネーシスをもつ人とは別である。前者が理系の知識であり、後者が人文社会系の知識であるならば、理工系教育と人文社会系教育とは別々に行われているので、すぐれた科学者であっても「思慮深い人」であるとはかぎらない。現代の教育システムは、これを容認している。

が、アリストテレスは、ソフィアとフロネーシスは、どちらも一人の人間がそなえるべき知的能力と考えている。重要な点は、二つの能力は独立の能力だということである。ソフィアがそなわっていてもフロネーシスがそなわるとはかぎらず、フロネーシスがそなわっていてもソフィアがそなわっているとはかぎらないのである。たとえば、数学や自然の研究については、若くして大変な業績を上げる者もいるが、若くして思慮深い者はいないからである。さまざまな行為の選択や社会生活の経験がフロネーシスの獲得には不可欠である。

現代の大学で推進される応用研究では、「役に立つ」研究、すなわち、世の中を便利にし、経済を活性化して、国際競争に勝利するような研究が高く評価されていて、高額な研究費が支給される。目先の目的達成のために研究の視野を狭めなければならない若い研究者も多い。一九六〇年代や七〇年代にゆったりとした研究生活を送ってすぐれた成果を上げた研究者で、ノーベル賞を受賞するような人は、基礎研究の重要性を唱え、若い人たちが目先の成果にとらわれずに研究生活を送れるようにすることが大切だと力説する。「自由な研究環境が重要だ」という。

ただ、自然科学領域ですぐれた知的能力をもつ者であっても、社会生活のなかで、あるいは政治的な世界のなかで、すぐれた選択をする者であるとは限らない。むしろ、そうでない例もしばしば見られる。

科学者が発見あるいは発明したことをどう使うかは、科学者の責任ではなく、社会の責任であるという発言を耳にすることもある。わたしが運営した「生命の科学と生命倫理」という複数の教員が行うオムニバス形式の講義のなかで、一人の教授が「若者たちは、自由に研究を行い、それに喜びを感じればよい。研究にとっては、倫理は手かせ、足かせだ。研究の成果をどのように使うかは、倫理の先生と社会に任せればよい」と語ったことがあった。ソフィアとフロネーシスということばで言い換えれば、研究者にはソフィアだけあればよく、フロネーシスは必要ないという主張である。しかし、わたしの考えでは、フロネーシスを欠いた科学研究では、人類の直面する危機を回避することはできない。ソフィア的活動に従事する者には、フロネーシスは必要ない、あるいは、研究の手かせ足かせになるというような認識をもっていること、そのこと自体が、現代の科学研究が内包する最大のリスクのひとつである。このリスクを回避するためには、ソフィアとフロネーシスの関係を現代の文脈で明確にすることが重要である。

科学的探求では、フロネーシスは必要なく、ソフィアさえあればいいと考える人がいる一方、すぐれたソフィアをもっていればフロネーシスももっていると考える人が多いこともまた事実である。すぐれた研究成果を上げた人物が研究組織のリーダーとしてふさわしいという考えはだれもが抱く。専門だけを重視する「とんがった」領域で成果を上げて評価された学者が大学運営の舵《かじ》取りになる。現在行われている大学改革で文部科学省は、「リーダーシップの強化」ということを前面に打ち出している。学長に人事権や財政権、大学のスペースの管理権などの権力を付与することが重要だと考え、そのような意味での「リーダーシップ」を与える方向に突き進んでいる。しかし、わたしの考えでは、リーダーシップというのは、「リーダーがもつべき能力や資質」であり、「思慮深さ」の領域に深くかかわっている。ましてや、リーダーシップは、リーダーの地位に与えられた権限や権力のことではない。このことは、リーダーの資質を欠いた者がそうした権限や権力を独占した状態を想像してみれば、簡単に理解できる。

テクノロジーとソフィアの統合

アリストテレスの知的能力の理論から考察すると、文理融合とはどういう意味なのだろうか。わたしの考えでは、文理融合とは、ひとりの人のなかで、ソフィアとフロネーシスが共存し、相互に深く連携している状態である。

東京工業大学大学院社会理工学研究科の創設に従事し、この大学院の理念を「科学技術と社会の境界に生じる不調和を解決するための意思決定の科学技術」としたとき、つねに私の念頭にあったのは、アリストテレスのソフィアとフロネーシスの統合という課題であった。どちらか一方を身につければ、他方も自然に身につくということではない、というのがアリストテレスの考えであったから、この考えにもとづけば、ソフィアとフロネーシスは工夫と努力によって、どちらも身につけなければならない。

社会との境界で不調和を生み出すに至った近代科学は、ソフィアの歴史的展開のうちに、強固な力をもつにいたったシステムである。アリストテレスはソフィアを純粋な個人の知的活動、それ自体として求められる活動であると考えたが、近代西洋科学は複雑かつ巨大な技術と融合した。この科学技術は、個人のもつ能力というよりも、巨大なシステムとして、わたしたちの世界を劇的に改変する力をもった。フランシス・ベーコンのいうように、知が力をもったのである。この力は、たんに世界の真理を認識するだけの力ではなく、知の対象を変化させ、また、わたしたちの生きる環境をも過激に改変する技術とセットになっていた。この科学技術を技術（テクネー）とソフィアの融合ということで、「近代テクノソフィア」と呼ぶことにしよう。

二十世紀になって自覚された環境問題とは、近代テクノソフィアの働きの結果であった。ただし、この結果は、近代テクノソフィアが目標として達成した結果ではなく、また意図した結果でもなかった。人間は自分の生きる地球環境を破壊しようという意図をもって行為を選択したのではないからである。わたしたちが直面している地球環境問題とは、人間の選択したさまざまな行為による環境の劣化が人間自身の生存の根幹、すなわち「生命」に対する脅威として現れた、意図せざる結果として生じた出来事である。すなわち、人間は自分の行為が自らの生存を脅かすという結果を生み出しているということを、その結果に直面することによってはじめて知ったのである。

わたしたちが気づいたのは、地球環境に危機が迫っているということだけではなく、この危機をもたらしたのがわたしたち自身の知によるものだったということである。しかも、近代的ソフィアの活動によってもたらされた結果に気づいたのは、二十世紀になってからであり、この結果をもたらした行為の選択を人間が行ったときには、想定していなかったのである。いわば「想定外」の結果である。近代テクノソフィアが想定していなかった事態である。

ところで、地球温暖化が示すのは、環境の問題とエネルギーの問題が不可分な関係になっているということである。

わたしが生まれた一九五一年前後は、世界の歴史において劇的な変貌のスタートであった。故郷の関東北部での生活におけるエネルギーは、薪炭、あるいは、練炭であった。

煮炊きは練炭、風呂は薪《まき》であり、薪割りはわたし自身の日課であった。だが、やがて薪炭が石炭に代わった。風呂釜の炎の色は、赤や黄色から緑や青になった。学校の暖房は石炭ストーブであったが、やがて石油ストーブに代わっていった。台所では、ガスが使えるようになった。まもなく、エネルギーとしては電気が圧倒し、生活のすべてが電化されていった。

　薪や炭の消費は、エネルギーの放出の場である。わたしたちは、薪炭を燃やすことで、熱が放出されているのを目撃することができる。石油も同じである。しかし、電気はその由来が隠されているのが特徴である。消費しているときには、その起源が水力であるのか、石炭であるのか、石油であるのか、それとも原子力であるのかを見ることができない。エネルギーの産出と消費とを分離したのが電気エネルギーの産出技術であった。

　エネルギー革命の本質は、たんに薪炭から石炭、石油、電気への変化というだけではない。薪炭という再生可能エネルギーから石炭、石油という化石燃料への転換である。この転換は、地球が長い営みのなかで地中化した炭素を近代テクノソフィアによるエネルギー革命によって大気中に放出することになったということである。この放出という事態が生み出しているのが地球の大気変動である。

原子力発電が地球温暖化対策に有効であるということをいう人もいるが、ひとたび事故が起きれば、原子力エネルギーを廃炉作業に使うことはできないであろう。原発の廃炉作業に用いられるエネルギーは、ウラン燃料による電気ではなく、化石燃料である。

二〇一一年、四枚のプレートの境界面に蓄積された巨大エネルギーが解放されることによって生じた地震と津波が日本列島を襲い、近代テクノソフィアの成果である原子力発電所を破壊した。この出来事は広大な国土を放射能によって汚染しただけでなく、大量の放射性物質を大気と海洋にも放出した。

原子力発電に従事していた関係者は、このような事態を「想定外」と語った。このことは重要なことを意味している。近代テクノソフィアには想定できなかった事態が存在するということと、それだけでなく、想定外が存在するということ、その行為選択の帰《き》趨《すう》のすべてを視野に入れることができないということを近代テクノソフィアがみずから認めたということである。帰趨のすべてを視野に入れることができない、すなわち、想定外とすることによって、想定外の現象を「そなえ」の視野の外に置いたソフィアであった。

　では、想定外に対する「そなえ」のできる知的能力を人類はもっていないのだろうか。そのようなものがあるとすれば、それはソフィアではなく、進化したフロネーシスであろうが、そのようなフロネーシスの姿をわたしたちはまだ知らない。

メガテクノソフィアの時代へ

　科学技術と社会の不調和という事態の認識は、ますますその重要度を高めているが、二十一世紀に入り、課題の広がりと深さは計り知れないものへと変化しつつある。とくに、情報技術がより巨大な影響力をもつに至ったことは重大な変化で、インターネットの発達によって形成された、人間のいわば外部記憶装置としてのグローバルなネットワークは、個人という単位をはるかに超越して、巨大な知的装置として機能するに至っている。

　わたしたちはインターネットによって、自分の脳のなかに蓄積されていない知識や情報に手元のスマートフォンから直接アクセスできるようになった。いわば、巨大な百科事典や辞典を操作できるようになったのである。意味の分からないことばや、学んだことのない出来事などについても、検索すれば、簡単に情報に接することができる。音声入力によってでも操作できるようになり、あたかもスマートフォンが一個の人格であるかのような錯覚に陥ってしまう。

インターネットに入力した情報は、その巨大なネットワークのどこかに蓄積されている。一般的、普遍的な情報も個人データもこのネットワークのどこかにある。

さらに、SNSでは、「書く」という行為も大きくその意味を変えることになった。たとえば、わたしはこの本を書いているが、書き手は自分の考えを文字で表し、それをインクと紙という物質・物体に具体化する。印刷する人たち、出版する人たち、販売する人たちの手を経て、購入した人が読んだとき初めて、コミュニケーションが成立する。ただ、このコミュニケーションは一方向である。読み手が書き手にメッセージを伝えるとすれば、本に挟まれた読者カードがあるとき、そのカードを読み手が出版社に送ったときである。どのくらいの読者に書き手の考えが届いたかは、販売された部数によるが、それはあくまで売れた本の数であり、読まれた本の数ではない。

他方、SNSでは、情報の発信は、読み手が閲覧し、「いいね」を返せば、そのメッセージは書き手のもとに戻る。メールで感想を送り返すのも簡単である。情報の受け手は、即座に情報の発信者となって、双方向の情報交換が可能になる。それだけではない。受け手はたちどころに情報を多数の他者へ発信する主体に変化する。情報は簡単に拡散してゆく。

双方向のコミュニケーションから拡散する情報へと展開する現代の情報環境は、さまざまな観点から「便利」であるが、こうした情報技術には、その裏側にリスクも潜んでいる。その例をいえば、個人へのメールやSNSによる悪意ある書き込みである。あるいは、悪意なく書き込んだものでも、受け取り手によっては悪意を感じてしまうこともある。ネット上の書きことばは、書き手の意図ではなく、読み手の受け取り方によるコミュニケーションである。悪意ある表現、あるいは悪意と受け取れる表現も簡単にやりとりすることができる。受け取った情報は、容易に拡散してゆく。ネット空間は、思いも寄らない膨大なリスク空間であることをわたしたち一人ひとりが認識しておかなくてはならない。

とくに注目されるのは、インターネットによって簡単に自殺願望をもつ人をキャッチすることもできるようになったことである。自殺は、究極の選択である。自殺願望をもつ人にその手助けをしてしまう、あるいは、手助けをするふりをして、窮地に陥れるなどのこともこうした空間で行われている。みずからの選択の重要性を自覚することなく、選択を実現するための情報の提供によって、思慮を欠いた選択をしてしまうのである。

こうした巨大ネットワークがＡＩやロボット技術と連動して自律的に機能するようになると、アリストテレスが区分したソフィアとフロネーシスの境界領域に踏み込んでくるようにも見える。人工知能が自律的に判断し、選択することができるようになると、これはこれで一種のフロネーシスのようにも見えるからである。この人工擬似フロネーシスは、グローバルなネットワークのなかで自律的な行為選択の機能をもつことになると、人間の選択にかかわるフロネーシスを簡単に超えてしまうであろう。この人工擬似フロネーシスを備えた近代テクノソフィアをメガテクノソフィアと呼ぶならば、この知は、巨大ソフィアと融合して、人類の生活環境そのものを選択することも考えられる。しかし、このメガテクノソフィアは、生身の人間ではなく、その環境は生身の人間の生きる環境でもない。いずれにせよ、そのようなメガテクノソフィアという知能、知性が近い将来に出現することは十分予想することができる。

たしかに、このソフィアに選択の能力を与えるかどうかは、人類の選択であるが、人類全体がこの問題について合意を形成することは難しい。だれかが、すなわち、科学者か政治家か起業家かがこの選択をしてしまえば、人類は、このメガテクノソフィアの支配下に置かれる可能性が出てくるであろう。

要するに、自律的メガテクノソフィアが人類にとって最善の選択をするかどうかは、そこにどのような価値のプログラムが書き込まれているかによる。このプログラムをデザインし、また実現のために何を選択するかを決めるのは、近代テクノソフィアではなく、現代にふさわしい人間のフロネーシスでなければならない。それは人類のもっとも重大な選択にかかわる能力である。ソフィアだけをもつ者にこの選択を任せるわけにはいかない。

オイディプスの選択

わたしたちの生きる現実が科学技術の進展によって、そしてまた科学技術を用いた人間の行為の選択によってどのような行く末をもたらすか、その帰趨を正確に予測することはできないであろう。どんな思慮深さをもってしても、現代の科学者が「想定外」と呼んだり、自分たちの考えを「神話だった」といったりすることがあるということを東日本大震災は教えてくれたのである。だから、わたしたちは、この上なく思慮深くあるべきである。しかも、その思慮深さは、人間という存在が抱えている制約に対する自覚を含んでいなければならない。「汝《なんじ》自身を知れ」というアポロンのことばは、「驕《おご》ることなかれ」ということばとともに現代に生きる人間の条件と限界の自覚を促している。

人間の思慮深さの限界を見事に描いたのが、古代ギリシアの有名な悲劇作家、ソフォクレスの『オイディプス王』で、聡明な選択であっても破局的な結末に至る人間の悲劇を描いている。

テバイの王、ライオスは、「子をもうけるな。子を作れば、その子は、汝を殺すだろうから」という再三にわたる知恵の神、アポロンの神託を無視して、妻イオカステとの間に一子をもうけた。しかし、アポロンの神託が実現するのを恐れ、生まれるとすぐ、子どもの両踵《かかと》をピンで刺し貫いた上で、山奥に捨てさせた。オイディプスとは「腫れた踵」という意味である。

命を助けられたオイディプスは、コリントスの王子として育てられる。やがて旅に出たオイディプスは、「もし故郷に帰れば、汝は父王を殺し、母を妻にすることになるであろう」というアポロンの予言を受けた。オイディプスは、この神託を恐れて、コリントスには戻らず、旅を続けるが、狭い三叉路《さんさろ》で、二頭立ての馬車に乗る老人と従者の一行と出会い、争いとなって、かれらを殺してしまう。

テバイの都にまで辿《たど》りついたところ、王の一行が山賊に出会い、皆殺しにされたと大騒ぎであった。その上、テバイ郊外の丘には怪物スフィンクスが現れて、人びとを悩ませていた。下を通る者に謎をかけ、解けないと捕って食うという。テバイでは、妃《きさき》イオカステの弟クレオーンが摂政に立ち、スフィンクスの謎を解いてこれを退治した者を、イオカステの夫とし、テバイの王とするという触れを出した。スフィンクスが出した謎とは、「一つの声をもちながら、朝には四つ足、昼には二本足、夜には三つ足で歩くものは何か」というものであった。その謎の答えを「人間」と解いたオイディプスは、テバイの王位に就き、母イオカステを妻とした。しかし、やがて、神託が下り、国の穢《けが》れについて原因を追及したオイディプスは、自分自身がその穢れのもとであることを知るに至る。母にして妻であるイオカステは、首を吊《つ》って死に、オイディプス王は、みずから両目を突きつぶして、放浪の旅に出る。

最善の選択を繰り返したはずのオイディプスの運命は、知恵の神アポロンのみが知っていた。自分の故郷がコリントスであると思っていた彼は、故郷に帰ることを避けるという選択を行った。その結果、父王と三叉路で遭遇して、殺してしまう。テバイでスフィンクスの謎を解くという選択の結果、母と結婚する。賢い選択の結末が悲劇である。アポロンが自分自身を知れというのは、神が不死なる存在であるのに対し、人間は死ななければならない存在であるということである。どんなに聡明で思慮深くても有限な生を生きなければならない人間は、選択の帰趨を完全に予測することはできない。「傲慢になることなかれ」とは、そのような意味である。

聡明なオイディプス王は、かれ自身の置かれた悲劇的な状況で選択しなければならなかった。それは、孤独な選択であった。

どんなに聡明であっても、わたしたちは選択を誤ることがある。誤りのない選択のように見えても、わたしたちの思い知ることのできない運命が不幸をもたらすこともある。オイディプスの悲劇は、人間が選択から逃れることができないという宿命を描いている。オイディプスの選択した行為は、つぎの不運を生み出していった。人間は、どんなに思慮深い選択をしても誤ることがある。人間の命はそのような選択の宿命から逃れることはできないのである。

第5章　風景へのまなざし

所与としての風景

わたしたちの人生は、所与としての地球という星の上で営まれている。この所与のもとで、すべての選択と遭遇が起きる。選択と遭遇を考えようとするときには、所与としての地球のことを考えなければならない。

すでに述べたように、天動説では、地球は惑える星であった。太陽を回る地球を視点にすれば、水星や火星は惑いの行程をとっているように見える。ところが、地動説になって、視点を太陽に置けば惑星は惑星ではなくなる。しかし、地動説になっても、惑星は惑星といわれた。

天体の運行上は、地球は惑える星ではない。しかし、わたしは、地球の行く末は惑いのなかにあると思っている。温暖化のことを考えてみればよい。多くの生物種が絶滅の危機に瀕《ひん》している。極地の氷は溶け出し、海水面が上がれば、多くの土地が水没する。海水温の上昇に伴って、大気中の水蒸気量は増大して、台風などの風水害の甚大化が起きている。時間雨量八十ミリが「猛烈な雨」とされているが、近年これを遥かに超える降水量が記録されている。

地球の未来は、そして、地球の上に生きるものの未来は、ひいては地球上の生物としての人類の未来は、人類の選択にかかっている。人類の選択は、文字通り選択であるから、その選択によって結果が異なってくる。人類の迷い、惑いによって地球も迷い、惑う。その意味で、この星は、文字通り惑星である。惑いのなかにある星である。地球の未来に向けた選択を誤らないためには、惑いの星、地球の有様《ありよう》をしっかり認識することが必要である。人類の選択といったが、結局は一人ひとりの人間の選択に直結している。その意味で、一人ひとりが自分の立っている惑星のことをしっかりと認識しなければならない。

わたしたちが惑星を認識することができるのは、目や耳や鼻や口という感覚器官をもち、地球の上に立って、太陽から送られてくる光に照らされた対象を捉えるからである。

感覚器官に結んだ像は、わたしたち自身の置かれた環境の認識である。そして、その環境の認識の起点となっているのが自分の誕生時の所与としての風景、つまり、「ふるさとの原風景」である。

風景をどのように見るかは、たしかに一人ひとり異なるということができる。すでに述べたように、人はみな別々で固有の身体的配置のなかで空間を感知するからである。そこで、ここでは、わたしがこの惑星の上で経験した風景について述べながら、わたしたちの遭遇と選択について考えてみよう。

わたしの所与としてのふるさとは、群馬県を流れ、流域面積は日本一で、坂東太郎と呼ばれた利根川のほとりである。豊かな水量を誇る利根川は、「刀根川」とも書かれ、その豊かな水は絶えることがないということから「刀水不尽《とうすいふじん》」といわれた。古人は、利根の水がつきることのないことをこのように表現したのである。関東平野をゆったりと流れるその姿は、夏の午後雄大に上る積乱雲の風景とともに、少年の目にあざやかな風景を残した。

川のそばで生まれ育ち、川と向き合うことで、わたしの人生は豊かになったと思う。

利根川と、しばらくたってから引っ越した埼玉県の中流域を流れる荒川こそがわたしの「生まれ、育った場所」であり、「ふるさと」である。それは、わたしの人生の選択のスタート地点である。だから、その風景を想起することは、いつも教養について考える源泉でもある。

荒川の土手に立つと、はるか北に日光の山々を望むことができた。その西に広い裾野を引く赤城山、さらにその左に榛名山《はるなさん》、その向こうに浅間山《あさまやま》、さらに岩峰鋭い妙義山、巨大な戦艦のような荒船山《あらふねやま》、さらに、険しい二耳峰の両神山《りょうかみさん》、その左に秩父の低山がつづき、そこから私の愛した荒川が流れ出ていた。さらに南には、秩父、多摩の山の上に、富士山が姿を見せていた。

たくさんの山を遠望することのできる広大な関東平野、そこがわたしの身の置かれた空間であった。わたしの身体は、この空間のなかにあったので、わたしの経験もその空間とともにあった。その空間のなかに存在しているたくさんの生き物たちとともにあった。

遠い山並みを眺めていたわたしは、山の人びとの生活や海辺での人びとの暮らしはどのようなものかは想像できなかった。生物を観察することを好むわたしにとって、山と海は、憧れのはるか向こう側にあった。山や海の生物は、図鑑で知るだけであった。日本の山を毎日の生活のなかで愛し、海を喜ぶという生活は、その当時のわたしにとっては、別世界であった。いまわたしは、日本の山々や川や海をどうすれば持続させ、また、失われた美しさを取り戻せるかという課題にこたえるための仕事をしているが、それは、子どものときの経験から山や海の仕事をしたいという願望が芽生え、その願望を実現するために、さまざまな選択を行ってきた、その結果である。

山と海は遠かったが、秩父の山から流れてくる荒川の水は、透明で美しかった。輝く水に膝まで入って流れに逆らってゆくと、丸い石の下にハヤなどの魚が隠れる。上手になると、そっと石の両側から手を入れて、手づかみにすることができた。

午後になると、上流に積乱雲が湧き上がり、川を下ってくる。白く輝く雲の底がちょうど頭上にまできたとたんに、雷鳴がとどろき、ほとんどそれと同時に家にたどりつく。凄《すさ》まじい稲光とともに土砂降りの雨がやがて小降りになると、わたしは軒下に立って、夏の日に演じられる自然のスペクタクルに深い感動を覚えていた。やがて、再び姿を現した黒い雲のなかに美しい稲妻が何度も光るのが見えた。西の空は晴れて夕陽が差し、東の空に虹をかけた。稲妻と虹の競演が積乱雲の川くだりを彩る関東平野の夏の日のドラマであった。

たくさんの植物や動物たち、そして関東平野のダイナミックな風景との遭遇のなかで、わたしの喜びは、夜、出会った生き物たちについて、図鑑を広げて、かれらの名前と生態系の記述を読むことであった。こうして、わたしの環境世界との遭遇は感動で満ちあふれていた。

これがわたしのこれまで生きてきたふるさとの風景の記述である。長々と述べてきたのは、この風景はわたし自身に固有の風景であるとともに、他の人びととも共有可能な部分をもっているからである。風景体験の重要性は、固有性と共有性にある。風景の体験は、一人ひとりに固有なものであるが、だからといって、他の人間と共有できないものというわけではない。人間はけっしてそれぞれ個別の風景世界のなかにひきこもっているわけではないからである。

行為の選択と風景

読者のみなさんも、自分のことを考えてほしい。いつどこで生まれたか、どのように育ってきたか、これまでの人生のなかで何を見、何を聞き、何をしてきたか。地球という星がみなさんの目の前にどのような姿を見せてきたか。地球空間がどのような姿をしているとみなさんは捉えたか。

「ふるさと」とは、生を享《う》け、育った場所である。一人の人間として生きるということは、地球人として生を持続するために選択を重ねることである。その選択の場は、彷徨《さまよ》える地球、プラネットとしての地球である。

一人ひとりの人生は、同じ地球の上で、同じ時間の流れのなかで営まれている。しかし、一人ひとりの身体が異なった場所と時間をもつように、その異なりのなかで立ち現われる地球空間の風景もまた異なっている。風景とはそれぞれの身体に立ち現われる地球を含む宇宙空間の姿である。だから、人それぞれの見る風景は異なっている。異なっている風景に対して何を感じ、何を捉えるかも異なる。空間をどのように捉えるかが異なるから、風景のなかで行おうとする選択も異なる。ふるさとの谷を埋めて経済発展に貢献するためのダムをつくるという行為の選択もあるし、ふるさとの谷に棲《す》むオオサンショウウオの命を守る活動を選択することもある。電力供給のために、海岸に原子力発電所を誘致して地域の発展を図ろうとする選択もあり、津波のリスクを恐れて建設に反対する活動を選択することもある。ときには、二つ、あるいは三つ以上の選択が衝突することもある。風景をどう捉えるかということが行為の選択の基礎となるのである。

行為の選択の基礎にあるのが教養であるとするならば、風景に向かう行為を選択するときには、目の前に見える風景をどのような風景として捉えるかということも、教養を構成する。これを別のかたちで表現するならば、風景はわたしたち一人ひとりがそこからいろいろな意味を読み取ることのできる偉大な書物ということもできる。教養ある人びとには、風景は豊かな意味を提供してくれるのである。

変貌する風景

わたしたちは、生活のなかで立ち現われる風景が季節の移りゆきで変化してゆくことを感じ取っている。一年がめぐると、人はその一年の風景の変化を体験する。桜が咲き、また、ちりゆくさまを、一年に一度記憶のなかに蓄積してゆく。その移ろいをわたしたちは、人生の移りゆきに重ねあわせる。

たとえば、わたしたちはソメイヨシノを桜の代表のように思っているが、これは近代以降のことである。ソメイヨシノが全国に広まる以前は、日本の桜はヤマザクラであった。山々が新緑に染まり始めるころ、霞《かすみ》のように淡い緑に紛れて咲く。日本の桜は、そのような存在であった。平安時代の歌人、西行が桜を歌に詠《よ》んだとき、その美しさは、花の色と葉の緑が融け合っている風情にあった。それは、花が咲き終わってからしばらくして葉が出る中国渡来の梅と異なって、花と葉が一体となって咲き出る融合の美だったのである。

わたしたちが慣れ親しんだ風景は、人びとのよかれと思って選択される行為のもとで、一瞬にして、あるいは徐々に、知らず知らずのうちに変貌してゆく。まして巨大な力が国土の変貌を推し進めるとき、そして、それが国土の繁栄と利益をもたらすという約束のもとにあるとき、わたしたちは、美しかった風景の意味を忘れてしまう。

人びとのさまざまな思いのなかで風景は変貌してゆく。その風景の変貌とともに、人の心も変化を経験する。

中国の山水画にならいながらも、江戸時代の画家たちは、渓谷の美を多くの作品に残した。しかし、近代絵画の展開のなかで山水画は表舞台から遠ざかり、その代わりにダム技術者たちは、渓谷を見て、ダム建設の適地を見つけたことを天に感謝したという。多くの人々が経済発展の名のもとに、美しいふるさとを喪失した。

高度経済成長期に全国でたくさんの高速道路やダムが計画され、建設されていった。災害対策や経済発展という価値が掲げられたが、それによって喪失された日本の美しい山や渓谷は数かぎりない。しかも、渓谷美がどのくらい価値があるかということは、評価されたことも計算されたこともなかった。それどころか、ほとんど議論もされなかったのである。

選択の結果としての危機

風景の劇的な変貌の兆しは、わたしが荒川の河川敷で自然との戯れに至高の時を過ごしていたころに忍び寄っていた。

一九六一年に、荒川ではじめてのダム、二瀬《ふたせ》ダムが秩父の山間《やまあい》に完成した。工事着工は一九五二年というから、わたしがまだ一歳のときである。わたしが荒川中流域の自然のなかに過ごしたころ、ダムが建設され、地下水がくみ上げられた。ほかのいろいろな原因もあって、荒川の美しい自然は失われていった。一九六一年に、わたしは十歳になっていた。

十三歳のとき、つまり、中学二年生のときに、東京オリンピックが開催された。一九六四年のことであった。日本ではじめてのオリンピックに沸き立っていたが、わたしの心は喜ぶことができなかった。わたしが愛した荒川の風景は、この時代に変貌してしまったからである。

オリンピックに先立つ一九六〇年を境に、新幹線や高速道路網が整備されはじめた。東京都内では、多くの堀が埋められ、高速道路が建設された。そのために良質な砂礫《されき》が荒川の河川敷から大量に採掘されていった。荒川の土手には、砂利をいっぱいに積んだ膨大な数のダンプカーが行きかい、土埃《つちぼこり》を上げて、桜並木を包み込んだ。

採掘は河床深く行われたから、巨大なすり鉢状の穴がいくつもできた。幾人もの子どもが溺れて死ぬと、「川で泳いではいけない、泳ぐのはプールにしなさい」ということになった。全国の小学校にプールができていった時代である。「泳ぐ」ということばから「流れる川で」という意味が失われ、「コンクリートの水たまりのなかで」という意味に変貌した。

生物のいない水のなかで泳ぐとは何を意味しているのだろうか。魚も水生昆虫も泳ぐのは、川や沼である。

プールのなかには、生物は泳いでいなかった。かろうじてミズスマシやアメンボが子どもたちのいないときに水面を動き、ギンヤンマがコースを往復していた。その風景にわたしは、不条理な違和感をもちつづけていた。

わたしが生まれてから成長した十年間は、日本の高度経済成長とともに、日本の美しい自然が崩壊の歩みを進めていた時代である。わたしは、手元にあった昆虫図鑑や植物図鑑の多くを記憶し、また実際にそこに載っている生き物たちを目撃していたが、いま思い出すと、その時代にしか見たことのない種類があまりにも多いのに驚く。生物多様性ということばはまだ存在しなかったが、その多様性が現実に失われていった時代である。

多くの種が失われたが、しかし、失ったことを知る人は少ないということも忘れてはならない。なぜなら、失われたものはもはや存在しないからである。存在しないものを目撃することはできないのである。荒川には、秩父古成層や武甲山《ぶこうさん》をつくる石灰岩、さらに三波《さんば》石系の地層、さらには、第三紀の化石を含む砂岩も秩父盆地から流れてきた。たしかに、生物は化石のなかに痕跡を残す。しかし、わたしが遭遇し、目撃した昆虫や植物たちは、もはや記憶を語ることのできる者の心の内にしか存在しない。しかもそうした人びとはすでに高齢者となっている。日本の美しかった風景の記憶そのものが絶滅の危機を迎えている。

コモンズの悲劇と資源の呪い

「コモンズの悲劇」とは、共有地、ひいては共有資源をめぐる合理的な獲得競争が結果として資源の枯渇や汚染をもたらすという、ギャレット・ハーディンによって示された考え方である。この「結果として」というところが重要であって、これは人類の選択の意図する目標としたものではないということを意味している。

資源をめぐっては、「コモンズの悲劇」とならんで、もう一つ大きな問題がある。資源の豊かな地域は、その資源ゆえに繁栄から取り残されるという「資源の呪い」のパラドクスである。

これらの問題が生じやすい地域は、日本の場合、伝統的入会《いりあい》管理によって維持されてきた山野であることも多く、伝統的なローカル・コモンズ管理と近代テクノソフィアによるエネルギー技術およびこの技術と結びついた大規模資本との軋轢《あつれき》が生じている。入会地は地域が共同で管理し、その資源を共有、利用してきた伝統的な空間であって、ここにエネルギー技術と企業経営の論理が突然介入してくると、そこに眠っていた資源をめぐって種々の対立が起きるのである。

たとえば、巨大地熱発電プラントの建設が入会空間に計画されるとき、事業者は入会管理の論理、すなわち、伝統的な社会システムについて十分な理解をもっていないことも多い。入会管理は、多数決による意思決定はとらず、全員一致の鉄則を守るところがほとんどである。事業者は、そこに近代の民主主義の多数決原理をもちこみ、地域に異なった意見がある場合には、多数派工作を行って、地域を分断してしまう。こうなると、地域は、引き裂かれてしまい、コミュニティの崩壊をも引き起こす。そうなると、地域は発展から取り残されてしまう。

かりに地域が資源利用に同意し、エネルギー産出施設の建設を承認したとしても、その利益のほとんどは事業者のものとなる。事業者からの税収は地域の自治体にもたらされるが、犠牲になった地域だけをこの税収で潤すことはできず、その地域を含む自治体全体に対して平等に配分しなければならない。エネルギーをめぐっては、ダム建設による水力発電においても、原発においても、同様の問題が引き起こされてきた。地域にエネルギー資源が存在していたため、かえってその地域は発展から取り残されてしまうという事態が起きたのである。

こうした「資源の豊かな地域ほど経済発展から取り残され、民主主義が育たず、開発からも取り残される」という事態が「資源の呪い」である。リチャード・アウティがこの概念を提示したとき、当初考えられていたのは、枯渇する可能性のある石油や石炭資源をもつ途上国の直面するパラドクスであった。

この「資源の呪い」は、わが国の地方にも当てはまる。また、化石資源だけではなく、再生可能エネルギーでも同じだということには、よく注意する必要がある。薪や水車による水力利用が地域社会の厳格なルールのもとで活用されてきた近代以前とは異なり、近代テクノソフィアによる技術と資本による経営が介入すると、地域は地域の資源をみずからマネジメントすることができなくなり、事業主体からの補償金やあるいは税収による地域経済への貢献を期待するようになる。こうして地域は地域外の力への依存体質を深めてゆく。

かりに再生可能エネルギーの利益が地域に落ちるとしても、その配分をめぐって生じるリスクに地域はつねに対応しなければならない。汗水たらして得た利益と違い、コモンズの資源は、地域にもともと蓄積されていたものであり、そうした資源をめぐって人びとの間で起きる取り合いは、しばしば地域内に悲惨な対立・紛争を引き起こすからである。あるいは、その利益だけで地域が潤うことができるようになると、それに依存したまま発展への努力を怠るようになる。

地球環境問題は、グローバル・コモンズの問題だけでなく、ローカル・コモンズの問題とも深くつながっている。それは地域の衰退とも連動する問題である。原発が経済的な発展を望めない中小自治体の、かつ人口が疎で豊かな水の得られる美しい海岸部で建設されたことは、そのような地域の問題と直結している。さらに、立地への協力によってつぎ込まれる資金は、地域の人びとの努力によって獲得されたものではない。こうした富をめぐる地域の内紛は、地域そのものを引き裂き、崩壊させてゆく。事業者がしばしば口にする「人参をぶらさげる」というのは、地域の依存体質を徹底するための戦略である。

「コモンズの悲劇」は、人類が一緒に生きていかなければならない空間としての地球というコモンズの問題であるとともに、地域社会のコモンズの問題とも直結していると考えるべきである。

では、「コモンズの悲劇」を回避するためにはどうしたらよいのだろうか。「資源の呪い」を解くにはどうすればよいのか。わたしたちは、このような問題の解決のために知恵と思慮深さを求めなければならない。

「コモンズの悲劇」を回避し、「資源の呪い」を解く知こそ、現代に生きるわたしたちのもつべき「現代のフロネーシス」である。

風景とのつきあい方

「コモンズの悲劇」も「資源の呪い」も、人間の行為と地球環境の間で生じている。悲劇と呪いをどう見抜くかもわたしたち自身の選択であるから、わたしたちは、目の前に広がる風景の中にその兆候を察知しなければならない。風景をよく観察し、そこで起きている出来事の本質を推理しなければならないのである。

そこで、風景学の創始者・中村良夫の『風景学入門』という本を紹介しよう。中村は、もともと土木技術者であったが、日本で初めての高速道路建設に携わった。彼は、名神高速道路の部分開通のとき、道路の優美な曲線の誕生に感動する一方で、それが山野の形相《すがた》をがらりと変えてしまうのを見て背筋の寒くなるのを覚えたと語っている。この経験から、中村は、景観工学から風景学へと学問研究を展開することになった。風景学について、中村はつぎのように述べている。

風景学は、人間の生活環境をととのえるための技術的知識体系の一環として構想された。だが、同時に、風景を目ききする教養を磨き、風景への愛着を通じて生きる意味を問う、という学問のよろこびがそこにある。「それを知る者はそれを好む者に如《し》かず、それを好む者はそれを楽しむ者に如かず」という聖人のことばが、これほどあてはまる学問もあるまいと思っている。（中村良夫『風景学入門』）

この文章で中村は、風景と教養との関係を明確に述べている。それは、教養が風景を見分ける能力、「目きき」の力となるということである。教養によって見える風景が違ってくるのは、風景を見る目が違ってくるからである。さらに、風景への愛着をはぐくむことによって、自分の生きる意味を問うことができるという。中村は、本当の学問のよろこびはそこにあると考えている。しかも、この学問は、たんに知るだけの学問ではない。その学問を好み、さらに楽しむことのできる学問である。ただ、中村の「楽しむ」は、決して風景の魅力を個人として楽しむということではない。中村の風景学へのスタートが土木技術者であったことからも分かるように、風景学は、「人間の生活環境をととのえるための技術的知識体系の一環として構想された」ものでもあった。人間の生活環境をよりよいものにするという、行動する学問でもある。行動とともに楽しむことのできる学問、それが中村のいう風景学であったと思う。

中村は、風景との付き合い方について、つぎのようにも述べている。

人間は、自己をとりまく環境に対する愛惜と共感を研ぎすましつつ、その結果、自分が何者であるかを悟らされ、自己と環境の同時的倫理変容をとげてきた、といってよい。

現代の生態学的危機に対処するにあたって、自己は環境の恩沢によって初めて光り輝くという倫理的態度が環境制御に果たしてきた役割を再認識したい。環境形成にあたって、風景への愛着という環境に対する「共感」に根ざした倫理的気概が示されれば、それがわたしたちの生活様式を導き、ひいては環境を浪費することが避けられるかもしれない。(前掲書)

一人ひとりの人生は生まれてから死ぬまで風景とともにある。風景はその自己の一部といってもよい。ただ、風景がどのようなものとして立ち現われるかは、風景が立ち現われる人の自己が風景にどのように向かうかという、いわば態度にかかっている。この風景への態度のなかに、風景をどのようなものとして見ることができるかという能力、風景の目ききの能力が潜んでいる。それだけではない。風景は人間の行為の選択によって現れる姿、相貌を変えてゆく。言い換えれば、風景がどのように変わってゆくかは、わたしたちの選択にかかっている。その意味で、わたしたちはわたしたちの見る風景に責任を負っているのである。「風景学」の思想に大きな影響を受けたわたしは、人間存在と風景の関係を根源的に問う、そして、喪失された風景を取り戻し、あるいは、喪失されつつある風景を守ることが仕事になったらなあという密《ひそ》やかな願望のもとに自分の研究を進めることを決心した。

第6章　実践のなかで

教養と実践

教養がたんなる飾りであるならば、ひけらかすだけの知識であったり、物事についての分析や評論であったりするだけの知であろう。しかし、教養が選択の拠《よ》り所であるならば、そして、選択が行為を対象とするのであるならば、教養は実践へと直結してゆく。

わたし自身の人生の節目となった選択といえば、一九九九年の『環境の哲学――日本の思想を現代に活かす』という本の出版である。

この本を出版したとき、わたしの心にあったのは、一般の人びとに読んでもらい、わたしの思想を伝えたいということであった。環境の問題を哲学的に考えるということについて、学会で発言しても、ほとんど一笑に付されるような経験を積んでいたからである。しかし、研究者としては、研究業績を上げなければならない。いままでは、社会貢献も研究者の評価項目になってはいるが、やはり本筋は、学会誌に論文を投稿し、受理されることである。その望みが叶わないと思ったとき、どのような選択肢が残されているだろうか。

本を出版する以外にない、というのがわたしの思いついた唯一の選択肢であった。学会に評価されないとなれば、次善の策は、広く社会に評価されることである。

理工系の大学に在籍して驚いたことであるが、本の出版は、研究業績としては、ほとんど評価されない状況であった。あるいは、一冊の本の出版が論文一本とほとんど同等だったのである。論文を投稿して評価される望みがない以上、評価の低い本の出版でもやむをえない。とにかく、本を出版して、自分の思想を社会に認知される以外に、わたしに選択肢はなかった。

新しいことをやろうとするとき、どう評価されるかということが大切である。しかも、だれも評価してくれる人がいないような場合にはどうか。

そんなことで迷っているときに、後押ししてくれたのがアリストテレスのことばであった。「勲章は与えられるものにとってよりも、与える者にとっての名誉である」ということばである。勲章を与えられることは、授与される者を評価する者があってのことである。だれも評価してくれないような新しいことをやっても、勲章はもらえない。だから、評価される者になるよりも、評価するものになりなさい、というこのことばは、新しい領域を切り開こうとしている人を勇気づける。

研究者、専門家ではなく、一般の人びとに読んでもらいたいという気持ちで書いたのが『環境の哲学』であった。読者には日本の環境にかかわる仕事をしている人びとを想定した。劣化した日本の自然を再生するような仕事をしている人たちであれば、わたしの思想を理解してもらえるのではないか。アリストテレスは、「選択は可能なものを対象とするが、願望は不可能なものを対象としてもよい」といった。まだだれも空を飛ぶ手段をもっていなかった時代では、空を飛ぶことを選択することはできない。しかし、鳥のように空を飛びたいと願望することはできる。そのように、可能であれば、日本の自然を再生するような仕事をしてみたいという願望を込めて、文章を綴《つづ》ったのである。

他方、サブタイトルは、「日本の思想を現代に活かす」としていたので、こうした文系的な内容は、理工系の出身者で環境にかかわる行政に従事している人たちにアピールすることができるかどうかは確信がもてないでいた。当時の建設省は、今でもそうであるが、河川整備を担当している人びとは大学で河川工学を、道路整備を担当している人びとは道路工学を、まちづくりを担当している人びとは都市工学や建築学を、公園整備を担当している人びとは、農学系の園芸関係の学問といった具合に、理工系の学部を卒業した人たちが中心だったからである。

願望することは選択に至る第一歩である。不可能なことであっても、そうなったらと願望することがなければ、その願望の実現に至るための選択肢を得ることはできない。あるいは、目の前に現れた選択肢に気づかない。この本の出版は、わたしの遠い（と思われた）願望を実現するための選択肢であった。

『環境の哲学』のテーマは、「空間の履歴」という考え方について考察を深めるとともに、現実に起きている環境と国土をめぐる問題を解決するための方向性を示すことであった。

思いがけないことに、本を出版してから一ヶ月もたたないうちに、旧建設省の大臣官房広報担当者から連絡が入った。『環境の哲学』の思想をベースに、二〇〇一年に予定されている政府機関の大改革、省庁再編による建設省から国土交通省への組織替えに向けて、これからの公共事業に対して政策提言をしてほしいというのである。これを機に、わたしの人生は、研究室と図書館での執筆生活から公共事業の現場へと一変した。

道路整備や河川整備のような公共事業での環境への配慮を行政のなかに取り込もうとしていた建設省は、国土交通省への再編に向けた新しい考え方を探していた。役所の将来のあり方を考えていた担当者の目に『環境の哲学』がとまったのである。「空間の履歴」という視点から行ったさまざまな考察は、国土の履歴を実際に書き換えようとする国の政策へと直結していたからである。

『環境の哲学』は、環境の問題を空間と風景の問題からはじめて、そこに「空間の履歴」という時間の観点を導入したものだったので、空間と時間に立ち返って国土の問題を考えるという点が行政には新鮮に感じられたにちがいない。風景の問題は、環境問題との関連で議論されてきていたが、哲学的な考察を行ったものは少なく、その考えは、その後、国土交通省、農林水産省、環境省など、国土政策を担当する省庁の人びとの関心をひくことになり、こうした役所の行っている実際の公共事業についても、アドバイスを求められるようになった。それどころか、こじれてしまった対立・紛争に苦しむ地域の問題の解決に応援を頼まれるようになっていった。

公共事業が地域社会の紛争になってしまうと、環境配慮型であっても、事業はストップしてしまう。こうなると、話し合いによって環境配慮に向かうきっかけも失われてしまうのである。環境に配慮するということと、関係者の合意を形成することとは、国土全体という点からも地域社会という点からも、切り離すことができない。だから、環境の問題は、実は環境そのものの問題ではなく、環境をめぐる人間と人間の問題である。

こうして、わたしの研究にとって、社会的合意形成ということが中心的なテーマとなっていった。研究をするだけではない。むしろ問題を解決する当事者として、実践のフィールドへと飛び込んだのである。

今世紀になり、ダム建設や河川改修、海岸侵食対策、津波災害対策、道路整備にまちづくり、森林管理計画策定や地産地消の地域づくりなど、合意形成のさまざまな現場で、多様な関係者との話し合いを促進し、合意形成を実現する作業を経験した。これは、対立・紛争の渦中で合意を形成するための技術を高め、経験を蓄積して、自分自身を「コンセンサス・コーディネータ」として自覚してゆく過程であった。

ある人びとは、わたしのことを「地を這《は》う哲学者」とからかい、またテレビのニュースに取り上げてくれたディレクターは、「にぎわい復活の仕掛人」、「合意形成のプロフェッショナル」と呼んだ。

こうしたなかで学んだのは、海洋や河川の現象、自然災害にかかわる知識、社会基盤整備にかかわる工学的技術、さらに法制度・行政システムについての理解であった。これらに加えて、地域社会や人間どうしのコミュニケーションのあり方を観察し、対立を合意へと導くための努力をしてきた。

こういうわけであるから、わたしのことを脇見ばかりしている「主軸のない研究者」といった人がいた。しかし、わたし自身は、自分のことを「主軸にまったくぶれのない実践的研究者」と考えている。

たしかに、哲学研究は、西洋を中心にするか、東洋を中心にするかで、研究者集団は分かれ、また学会も別々である。西洋から中国の儒教、仏教や神道、そのほか多種多様な人びと、たとえば、プラトンやアリストテレス、孔子や朱子、西行や熊沢蕃山《くまざわばんざん》、小堀《こぼり》遠州《えんしゅう》など、いろいろな人びとを研究したわたしを見れば、落ち着きのない、脇見ばかりの研究者に見えるのも当然のことであろう。

しかし、わたしの問題意識は一貫して、人間と自然の関係をどう捉えるか、自然の働きによって生を与えられながら、自然を破壊しているこの人間という存在、この不可解な存在についての理解を深めること、そして、できるならば、人間が破壊してきた、あるいは破壊しつつある環境がその豊かさを取り戻せるように、力を尽くすことであった。だから、哲学の研究から、自然再生や合意形成の実践的な仕事に自分の活動を移し、そして、その活動について研究を進めることは、この上なく自然なことであった。

さまざまな場面で対立・紛争を合意へと導くこと、具体的には、環境省が行った佐渡《さどが》島《しま》でのトキ野生復帰事業でトキの放鳥と定着にかかわったことや、絶滅危惧種のヤンバルクイナが生息する沖縄本島北部の「やんばるの森」を守ってゆくための森林計画策定事業に従事したことは、わたしの願望を実現する活動であった。

プロジェクトへの参加

国土交通省に最初に呼ばれた大きな仕事は、大阪湾に注ぐ淀《よど》川の上流、木津川に建設計画のあった川上ダムの問題であった。ダムの建設は地域の人びとや自然環境に大きな影響を及ぼす。ダム建設に反対の人びとも多い。他方、ダムによって洪水を抑える効果が期待される。このダムの問題も、対立する意見がはげしくぶつかり合う事業であった。国は、河川法という河川整備にかかわる法律を一九九七年に改正し、河川整備のためには、河川整備計画を策定すること、この策定には自然環境への配慮と流域関係住民の意見の反映を二本の柱とすることとしていた。そのために、ダム計画の推進を担う国土交通省木津川上流河川事務所では、流域住民の意見を計画に反映するための「木津川上流住民対話集会」の開催を計画し、話し合いで中立公正な立場に立つ進行役をわたしに依頼してきたのである。

木津川上流住民対話集会の開催とほぼ並行して携わったのは、もう一つのダムの問題であった。九州の筑後《ちくご》川の支川、城原《じょうばる》川に建設予定の城原川ダムの是非について検討する城原川流域委員会の委員として、社会的合意をどのように形成するかという点についての専門家として参加することになった。

淀川と筑後川という二大河川の仕事のあと、もう一つ大きな仕事で取り組んだのは、島根県から鳥取県に流れる斐伊《ひい》川水系の治水の仕事である。下流部に位置する松江の市内を流れる大橋川とよばれる部分の治水・改修計画について検討するための「大橋川周辺まちづくり検討委員会」の仕事であった。

三つの大きな仕事ののちに携わった国の仕事は、宮崎市の太平洋側に広がる砂浜を侵食から守る仕事、「宮崎海岸侵食対策事業」である。

これらの事業は、どれもダム建設や河川改修、海岸整備など、実際にダムや堤防などを整備することを含んでいたが、同時に、対立する意見を合意へと導く作業も不可欠であった。

こうした事業に参加しながら、対立する意見を合意に導く過程をきちんとコントロールできなければならないと痛感するようになった。国の行政担当者は、ほぼ二年の任期でほかの仕事へ移る異動という仕組みのもとで仕事をする。道路建設やダム建設でも、同じ業務にずっと携わる人はほぼいないのである。だから、担当者はどうしても前任者から、そして後任への引き継ぎを中心に自分の仕事を捉える。ある時点でスタートし、予定の時期にゴールするという公共事業の本来の性格に反する事態が生じてしまうのである。わたしは、その原因が「事業をプロジェクトとして進められていないこと」であると考え、プロジェクトマネジメントの勉強を行い、同時に実践していった。

社会的合意形成のプロジェクトマネジメント

社会的合意形成を進めるに当たって用いたプロジェクトマネジメントの手法とはどのようなものであったか、ここで二つの事例について簡単に述べてみよう。

(1) 国頭村森林地域ゾーニング計画

沖縄本島の最北部に位置する国頭村《くにがみ》は、日本では貴重な亜熱帯林で覆われている。ヤンバルクイナやノグチゲラといった絶滅危惧種も多く、環境省は、生物多様性の観点から二〇一六年に「やんばる国立公園」として国立公園に指定した。世界自然遺産登録も間近に控え、国頭村は、地域の活性化に大きな期待を抱いている。

ただ、やんばる国立公園の成立の過程には、多くの難題を乗り越えてきたという経緯がある。わたしが国頭村からもっとも難しい問題の解決を依頼されたのは、二〇一〇年であった。当時、国頭村の主産業は林業であり、亜熱帯林の伐採と植林が国頭村森林組合の主要な仕事であった。国の役所である林野庁は、日本全体の森林行政の推進と同様の方針で、貴重な亜熱帯林での林業を推進していたので、国頭村は国の政策に従わざるを得なかったのである。

ところが、森林組合がやんばるの森を伐採した様子が新聞によって報道されると、環境保護団体から厳しい批判が組合と国頭村役場に寄せられた。

国頭村役場と森林組合は、マスコミと環境保護団体への対応だけにとどまらず、国の行政に対しても難しい立場にあった。生物多様性の宝庫ともいうべきやんばるの森は、国の環境政策の最先端ともいうべきところにあった。環境省は、国立公園に指定することを目標に、役場と森林組合との交渉を進めようとしていた。

しかし、国頭村も森林組合も国の林業政策でいえば、伐採と植林を林業の軸としていたので、国立公園化による厳しい保護政策には相当な警戒感をもっていて、環境省が国立公園化についての説明会を開こうにも怒号が飛び交うありさまであった。

要するに、国頭村は、国の森林政策と環境政策の板挟み状態にあったのである。国の政策そのものが矛盾をはらんでいて、しかも林野庁と環境省は調和ある政策を示すことができておらず、さらに国の政策を国頭村に繋《つな》ぐ役目の沖縄県もまた矛盾を抱えたままであった。

こうした状況で、当時の宮城馨《かおる》国頭村村長は、国の森林整備計画策定作業が国頭村に来る前に、村として独自に目指すべき森林政策を示す「国頭村森林地域ゾーニング計画」の策定を決心して、わたしにその協力を依頼してきた。

一年という限られた時間のなかで、国や県の森林政策にもきちんと対応、あるいは対抗できる森林整備の計画づくりがプロジェクトとしてはじまった。それは、ゾーニング計画、つまり、国頭村のもつやんばるの森をどのように区分して、生態系の保護と地域産業の発展を図るかという課題に応える計画づくりである。この計画づくりには、担当する行政と専門家だけではなく、住民を含む多様な関係者の間で厳しく対立する意見をまとめなければならなかった。

全体のマネジメントを担ったのは、コンサルタントで生物や森林情報のプロの谷口恭子、役場の担当者大城靖、そして、合意形成マネジメントのコーディネータのわたしである。

プロジェクトのゴールは、「国頭村森林地域ゾーニング計画」という、二十ページほどの文書である。この文書をつくるための作業プロセスを考え、デザインし、実行しなければならない。

一年の時間を区分し、委員会と住民意見交換会の回数を考え、スケジュールを組む。そのスケジュールに沿って話し合いを行いながら、森林をどのように使うかということを地図に示してゆく。地図情報には、長い歴史のなかで蓄積された複雑な土地所有や利用区分が含まれている。そのような情報をＧＩＳ（地理情報システム）を用いて、一枚の地図に書き込みながら、これからの国頭村の将来を決めるゾーニングを考えてゆくのである。

そのつど合意形成の方針を示しながら進めた委員会と住民意見交換会によって、プロジェクトチームは、関係者の信頼を得ながら、めざすべき最終的な図面の完成に向けて作業を進めていった。計画が最終的に承認されたのは、二〇一一年の三月で、プロジェクトは、ほぼ予定どおり、目的を達成することができた。

生物多様性保全と地域活性化のための森林の利活用という対立する価値を統合した新しい計画の完成であった。「国頭村森林地域ゾーニング計画」の基本的な考え方は、その後沖縄県の計画に取り入れられ、やんばるの森は無事に国立公園に指定された。世界自然遺産への登録も実現することになるであろう。

国頭村のプロジェクトの特徴は、三人という少人数のチームで乗り切った点にある。三人でつねにプロジェクトの進捗について情報を共有し、推進のための戦略を練ったことが成功のポイントであったように思う。

(2) 鞆まちづくりビジョン

プロジェクトの例をもう一つあげてみよう。広島県福山市鞆《とも》地区の「鞆まちづくりビジョン」策定プロジェクトである。鞆地区は、日本の国立公園の第一号となった瀬戸内海国立公園のなかの風光明媚《めいび》な海岸である。狭い道路のため交通の便が悪かったことから、鞆のまちを通る県道とは別に、鞆の浦という湾を埋めて橋を架け、駐車場をつくるという計画を広島県と福山市が計画したところ、鞆の浦の景観を壊す計画だとして反対運動が起き、裁判にまでなった。東京都国立市の国立マンション訴訟と並ぶ、日本の景観紛争で代表的な出来事である。結局広島県が計画推進のための埋め立て許可申請を止めたために、原告であった市民グループが訴訟を取り下げて、裁判は終結した。ただ、鞆のまちは、埋め立て架橋を前提としたまちづくりプランしかもたなかったことから、これを前提としないまちづくりビジョンの策定が必要となった。そこで、福山市は、この「鞆まちづくりビジョン策定事業」の業務をわたしに依頼してきたのである。

裁判が起きたことからも分かるように、鞆のまちは埋め立て架橋推進派と反対派に割れていた。訴訟が終結したあとも、この状況は変わらなかった。まちづくりビジョンの策定は、地域に厳しい対立があるなかで、住民の総意にもとづくビジョンづくりを目的とするプロジェクトとなった。

プロジェクトチームのメンバーとなったのは、岡山大学准教授で交通計画が専門の橋本成仁《せいじ》、神戸市工業高等専門学校准教授で社会資本整備と合意形成マネジメントが専門の高田知紀、まちづくりコンサルタントの上田泰子とわたしの四名、および福山市役所都市計画課の三名の、合計七名である。このチームで二年にわたるプロジェクトを推進した。

「鞆まちづくりビジョン」も「国頭村森林地域ゾーニング計画」のように、プロジェクトのゴールとなる目標は、ビジョンを記述する文書の作成である。これを十一回にわたる「鞆まちづくりワークショップ」で完成に導いた。当初、厳しい意見の対立もあったが、鞆のまちをよくするという目標を共有することを通して、プロジェクトチームおよび参加者の間での相互の信頼関係も高まっていった。最終的にはほぼ予定どおり、参加者全員の総意にもとづく合意によって、まちづくりビジョンは完成した。このビジョンが現在の鞆のまちづくりのいわば基盤になっている。

ワークショップの推進過程で、わたしが福山市にお願いしたのは、大人、とくに高齢者の参加が多いワークショップに、若い人たち、女性、そして、子どもたちの参加を実現することであった。そこで福山市の担当者が鞆小学校と鞆中学校に参加を依頼したところ、両校の校長とまちづくりに強い関心をもつ子どもたちの参加を得ることができた。とくに、鞆中学校の生徒たちのふるさとへの思いには、参加者の多くが深く心を動かされた。素晴らしい発言をする生徒が三人いて、このような若い人たちの参加は、たとえ人数が少なくても、話し合いを建設的なものにしてゆく。過去の経緯にこだわった批判的な発言ばかりの高齢者では、将来のまちづくりの展望は開けないからである。

プロジェクト推進の基礎

国頭村のプロジェクトも鞆の浦のプロジェクトも、環境と景観をめぐる対立・紛争であった。国頭村の場合には、矛盾する国の政策と地域の利害が絡まっていた。そこには、自然環境に対する人びとの強い関心があった。それだけでなく、自然についての政策理念を実現する行政の仕組み、国、県、市町村の関係、各行政機関内の組織、関係する法令、多様な関係者（ステークホルダー）といった多様な要素が含まれていた。さらに、やんばるの森という亜熱帯林の生態系や林業などの産業についての知識も求められた。もちろん、これらの要素についての知識を一人の人間がもつことは不可能である。しかし、すぐれたチーム編成を行えば、多様な知識や情報をもとにしてプロジェクトを推進できる。というよりも、そういうことができなければプロジェクトは成功しないのである。さらに、チームメンバーは、こうした多様な知識・情報をもとに合意をまとめあげる力をもたなければならない。

鞆の浦の場合には、広島県と福山市という二つの行政機関が厳しく対立していて、これがワークショップでの話し合いを難しいものにしていた。さらに、行政の仕組みだけでなく、景観問題や交通計画など専門的な問題もプロジェクトのなかで踏まえるべき要素として含まれていた。プロジェクトチームは、実際のワークショップと並行して、プロジェクトマネジメント会議という、プロジェクトをうまく進めるための会議を開催して、そのつどワークショップの成果を確認しながら、着実に作業を進めていったのである。

二つのプロジェクトでは、生物学や交通工学、都市工学などを学んだ者と人文社会系の学問を学んだ者がチームメンバーとなっている。プロジェクトチームは、文字通り理系と文系の協働の場である。なぜなら、環境も景観も自然環境の問題というだけでなく、人間社会の問題だからである。だから、プロジェクトチームのメンバーには、どちらの領域にも深い理解と知識を共有することが求められたのである。

問題解決の秘訣

たくさんの難しいプロジェクトマネジメントに従事する過程で、大切だと思ったことは、なによりも問題解決に関係する情報の収集である。とくに、対立する人びとがそれぞれどのような意見をもっているか、さらに、どうしてそのような意見を持っているのか（意見の理由）、どのようないきさつでそのような意見と意見の理由をもつようになったか（理由の由来）をしっかりと把握することである。こうすることで、対立・紛争の構造をしっかりと把握することができる。これをコンフリクト・アセスメントという。コンフリクト・アセスメントにもとづいて、問題解決のためのプロセスをデザインし、これを実行するのであるが、その過程であらわれてくるさまざまな選択を行ってゆく。さらに、その選択が目的を達成するために最適なものかどうかをそのつどチェックするのである。

コンフリクト・アセスメントで大切なのは、問題にかかわる関係者についての情報収集である。そこで、参考にできるのが、中国の古典『孫子』である。「戦わずして勝つ」ということを理想とする兵法書であるが、社会的合意形成のプロジェクトマネジメントにも役立つ。なぜなら、社会的合意形成は、厳しい対立を合意に導く、いわば一つの戦いだからである。戦うべき相手は、対立・紛争そのものである。その対立・紛争には、お互いに敵対する人びとが関係している。対立・紛争という敵に勝利するためには、関係する人びとの情報をしっかり入手、整理しなければならない。

『孫子』には、つぎのような文章がある。

聡明な君主や賢い将軍が行動を起こして人に勝ち、その成功が人びとの上に出るゆえんのものは、その「先知」である。「先知」というのは、鬼神の力で得るべきものではなく、過去の事例になぞらえて知ることでもなく、自然界の法則にもとづいて測り知ることでもない。必ず人間（間者）によって敵の実情を知ることをいうのである。

（『孫子』「用間篇」）

『孫子』は、戦いに勝つための秘訣《ひけつ》は、祈りや占いでもなく、歴史的知識でもなく、科学的認識でもなく、人間のもたらす情報だと教えている。机上の知識ではなく、現実世界の人間関係のなかに問題解決の鍵を探らなければならないという考えである。もちろん、歴史や科学的知識にも頼ることはある。けれども、人間と人間のかかわりについての深い洞察こそ、戦いを成功に導く力となる。こうして、『孫子』は、現代を生きるわたしたちの選択についても、この上なく貴重なアドバイスを与えてくれるのである。

第7章　教養の磨き方

実践のなかの教養

プロジェクトについて長々と述べてきたのは、教養を磨くための方法としてプロジェクトへの参加ということがあるからである。いままでの常識的な学び方は、基礎的な勉強という意味での教養科目があり、それから専門に進むというように、知識として身につけた教養を活用してみるという順序であった。しかし、知識を学んでから実践するということでは、フロネーシスとしての思慮深さの底力を養うことはできない。思慮深さのトレーニングのなかから底力となる知を身につけてゆくほうがよい。

会社が新入社員に行う教育・訓練でOJTと呼ばれるものがある。OJTは、「オンザジョブトレーニング」の略である。これは、実際の職場で職務を担当させることによって行う職業教育である。

プロジェクトについて学ぶときにも、ＯＪＴの考え方が役に立つ。なぜなら、プロジェクトをマネジメントすることについては、「知っていること」と「分かっていること」、さらには「できること」の違いは極めて大きいからである。プロジェクトとは何か、どう行うかということについて本を読んだだけ、あるいは講義を聴いただけでは、たんに「知っている」だけである。プロジェクトに実際に参加しながら学ぶことができるならば、たんに「知る」だけではなく、深い理解を得ることができる。

クイズ番組でことばの意味を答えられる、あるいは筆記試験で問われたことに答えられるのは、「知っている」段階である。問われている事柄について説明したり、評論したりすることができるのは、「分かっている」段階である。しかし、実際にできるかどうかはまったく別である。

「合意形成」ということについての研究をテーマにしている大学教授も多くなっているが、では、かれらが対立や紛争の渦中に入っていって問題解決の当事者になれるかといえば、そうでないことが多い。かれらは対立・紛争の解決方法についていろいろ分析したり、提案したりすることはあっても、実際の合意形成が必要な場面になると、とても合意形成とは思えないような行動に出たりするからである。

いずれにせよ、現代日本の教育では、合意形成とプロジェクト、そしてマネジメントというテーマは、避けて通ることのできない課題となっている。

高校の新たな「公共教育」

わたしが東京工業大学の大学院改革のときに考えていた「根っことしての教養」の理想は、二〇一六年三月の大学組織の改組によって終幕を迎えてしまったが、その理念は決して色あせてはいない。

文部科学省は、二〇二二年度から順次実施する高校の学習指導要領の改訂案を公表している。「公共」と呼ぶ新たな科目の内容は、わたしが考える「根っことしての教養」に近い内容を含んでいる。育成されるべき能力は、つぎのように説明されている。

○現代の諸課題を捉え考察し、選択・判断するための手掛かりとなる概念や理論について理解するとともに、諸資料から、倫理的主体などとして活動するために必要と

なる情報を適切かつ効果的に調べまとめる技能
○現実社会の諸課題の解決に向けて、選択・判断の手掛かりとなる考え方や公共的な空間における基本的原理を活用して、事実を基に多面的・多角的に考察し公正に判断する力や、合意形成や社会参画を視野に入れながら構想したことを議論する力
○よりよい社会の実現を視野に、現代の諸課題を主体的に解決しようとする態度を養うとともに、多面的・多角的な考察や深い理解を通して涵養《かんよう》される、現代社会に生きる人間としての在り方生き方についての自覚や、公共的な空間に生き国民主権を担う公民として、自国を愛し、その平和と繁栄を図ることや、各国が相互に主権を尊重し、各国民が協力し合うことの大切さについての自覚

一読して理解するには、なかなか難しい表現であるが、課題解決型の思考力、一つの確定した解答ではなく、複数の解決案を比較考量できる能力、枝葉としての教養ではなく、人間の根っことしての教養という能力がここには示されている。それは、「正しい答え」を出す能力ではなく、「よりよい選択肢を作り出し、また、選択できる能力」で

ある。科学的ソフィアではなく、科学的能力も兼ね備える思慮深さである。

この文書は、高校の教育で教師が高校生に教えるべきことを示すものであるから、高校教育を受ける若者たちは、こうした文部科学省の指針のもとに教育する先生たちの教えを受けることになる。高校生の立場から見ると、自分たち生徒がもつべきものとして先生から教えられることになる内容である。

わたしの考えでは、この学習指導要領に述べられていることは、理想の表現である。その点では、高く評価できる。しかし、問題は、こうした教育を行う教師たちは、ここに述べられている教育を受けたことがないということである。

行為にかかわる思慮深さは「知っている」だけでは、あるいは、「分かっている」だけでは、「できる」ことにはならない。とするならば、できる段階に至っていないのに、どうして「できる」段階までを「教えること」ができるだろうか。「教えることができる」ためには、教える者がまず「できる」段階に到達していなければならない。こうしたことを「教えることができる」者であるためには、実際にこうしたことを積み重ねた実践を経験していることが必要なのである。

さらに、「できる」能力は、高度な思慮深さである。思慮深さのトレーニングを受けたことがない者がどうして伝えることができるだろうか。

みずから選択することができない人がこうした内容を若者たちに教えるならば、指導要領にちりばめられたことばを覚えるだけの学習に陥るであろう。大学入試でも、そのようなうわべだけの概念を覚えたものが正解を得ることになる。実際、そのような判断や選択をすることができるということをどのようなペーパーテストで評価することができるだろうか。

新指導要領に書かれていることは、このように、さまざまな高いハードルに直面するであろう。

変わる大学入試

大学入試センターが二〇一七年五月に発表した、二〇二〇年度から行われる「大学入学共通テスト（仮称）」の国語のモデル問題例の一つは、架空の町で起きている景観論争についての問題である。出題内容は、城下町の伝統家屋が並ぶ街並みをどのように保護すべきかをめぐる論争で、行政の説明会での資料（地図とガイドライン）、その説明会に出席した父親と娘の対話文を資料として、設問に答えるという形式である。父親は、景観保護は町の発展を阻害することになるという懸念を示し、娘は景観の重要性についての意見を述べる。

出題の趣旨は、つぎのように述べられている。

出題のねらい：架空の行政機関が広報を目的として作成した資料等を題材として用い、題材について話し合う場面や異なる立場からの提案書などを検討する言語活動の場を設定することにより、テクスト（情報）を場面の中で的確に読み取る力、及び設問中の条件として示された目的等に応じて表現する力を問うた。

出題の中身を検討してみるならば、こうした問題について、いわゆることばの学習だけに頼っていたのでは、その本質を摑《つか》むことは難しい。実際に起きている景観論争のなかに身を置くことができれば、そのことがこうした問題に対する自分の考えを形成することに寄与する。

さきほど挙げた鞆《とも》まちづくりビジョンの例では、問題解決のためのプロジェクトを進めながら、開かれた話し合いの場に子どもたちの参加を求めた。すると、中学生たちが大人たちに交じって参加してくれた。かれらは、ふるさとのまちに対する熱い思いを語り、まちづくりに積極的に参加することを宣言してくれたのである。

そのほか、わたしが従事してきた島根県出雲《いずも》市の出雲大社の表参道にあたる神門通りの整備ワークショップには、大社中学校の生徒たちが出席して自分たちの意見を堂々と述べたし、宮崎県高千穂町の神代川の「川まちづくり」では、伝統的河川景観再生の先端的プロジェクトの一環として、起工式およびその後の川づくりに高千穂小学校の生徒たちが参加している。

わたしが重要と思うのは、子どもたちもそれぞれのプロジェクトを組んでまちづくりに積極的にかかわるということである。そのとき子どもたちが学ぶのは、プロジェクトチームの作り方や運営の仕方である。

プロジェクト型授業の実践

実際、わたしは、社会理工学研究科創設当初から、このような授業を東京工業大学の大学院で実践してきた。受講者をグループに分け、これをプロジェクトチームに育てるためのプログラムであった。クラスに集まった学生諸君をグループ分けすることで生じるのは、当初はクラスという環境である。クラス環境に置かれた学生グループをプロジェクトチームに育てるためのプロセスをスケジュール化する。

つぎに、地域社会で課題となっている問題をインターネットで探し出し、その解決のための提案を作成するということをゴールにプロジェクトを組むのである。このプロセスでは、二つのことを同時に学ぶ。すなわち現実の社会が直面している課題は何か、その課題の解決策を考え、提案するということがその一つである。もう一つの目標は、このプロセスを経験しながら、プロジェクトマネジメントの方法を学ぶということである。授業を終えたときには、学生は、二つの成果を得ることができる。課題解決の提案とこのプロジェクトの作業報告書である。プロジェクトを進めながら、同時に進め方についての考察を行うことによって、プロジェクトのマネジメントを「知っている」段階から、「分かっている」、さらに「できる」段階へと歩みを進めることができる。

もちろん、いま述べたような授業形式は、中学や高校の授業でも取り入れることができる。


「クラス環境」「なかよし環境」「プロジェクト環境」


実際のプロジェクトに身を置きながら、わたしが到達した一つの考え方は、人間環境の三分類である。

三分類というのは、「クラス環境」と「なかよし環境」と「プロジェクト環境」の三つである。

人間は、一人では生きることのできない存在である。アリストテレスは、人間を「ロゴスをもつ動物」と定義した。ロゴスとはことばであり、分別であり、理性である。「ロゴスをもつ動物」とは、ことばによるコミュニケーションにもとづいて生きる動物という意味である。コミュニケーションは、人間どうしの間で行われるから、アリストテレスの「ロゴスをもつ動物」というのは、「社会的動物」であるというのと同じである。

学校を例に人間の集団を考えると、クラス分けによって子どもたちは、特定のグループに所属する。クラス分けは、子どもたち自身の選択にもとづく集団形成ではなく、子どもたち以外の人びとによる指定によって決まる手続きである。どこに所属するかは、子どもたちにとっては、いわば遭遇であって、選択ではない。そこでクラスメイトに出会うことになる。これも遭遇である。クラス環境では、気の合う者とそうでないものとが自然に分かれる。気の合う者がいなければ、仲間に入れない状況が生まれる。

気の合う者どうしが集まれば、そこには新しいグループが生まれる。そのような人間環境を「なかよし環境」と呼ぶことにしよう。学校であっても、会社であっても、政府であっても、人間社会のなかには、なかよし環境が存在する。なかよし環境は、楽しみや好みを共有する集団である。

なかよし環境が組織のなかで生まれるとき、そして、それが利益の囲い込みを生み出すとき、そのような集団は「ムラ社会」と呼ばれる。ムラ社会では、集団の利害に従わない、あるいは、ムラ社会のルールに背く者を排除する傾向をもつ。昔は、これを村八分といった。村八分は、共同体に従わない、あるいは、共同体の利益に沿わない人を排除することである。二分というのは、葬式の世話と火事の消火活動で、それ以外の付き合いはしないということだといわれる。

いじめという暴力が発生しやすいのは、クラス環境となかよし環境である。なかよし環境にあるのはなかよし集団であるから、排除は発生しないのではないかと思われるかもしれないが、そうではない。なかよし集団がその内部に小さな集団を生み出すとき、そこに反目と排除が発生するからである。

わたしたちは、人生の至るところで、さまざまな集団に所属する。あるときはクラス環境、あるときはなかよし環境、あるときはプロジェクト環境である。ただ、クラス環境では、わたしたちの選択は限られる。なによりも集団への所属そのものが選択の対象ではないからである。なかよし環境は、好みの合う、気の合う仲間の集団であるから、その集団への帰属は、通常、自らの選択の対象となる。しかし、なかよし環境では、気の合う仲間どうしのときはいいのだが、いったん関係がぎくしゃくしてしまうと、反目や排除といったことが生まれかねない。以前なかよしだった二人、あるいは、三人が憎しみあうことにもなる。なかよし環境というのは、そういうリスクをつねに含んでいる。

　わたしたちは、さまざまな場面でクラス環境となかよし環境のなかで生活している。家族は、血縁関係で結ばれた一種のクラス環境と考えることもできる。わたしたちは、家族への所属をみずからの選択にもとづいて得たわけではないからである。それは、所属する当人の選択による所属ではなく、両親の選択と行為の結果としての所属だからである。

　会社や行政組織などで所属するグループもまたクラス環境の一つと考えることができる。ある会社に就職することを望み、試験を受けることは選択である。しかし、採用は会社のほうの選択である。さらに、組織のメンバーに属することは、「配属」による。「配属」とは、人を一定の部署に配置して所属させることであり、当人から見れば、一定の部署に配置・所属させられることである。組織やその下部組織としての部署では、その部署のメンバーが従うべきルールや規範があり、これに従って仕事をする。生産部門であれば、製品を生み出すための作業を行うが、そこでは、ルールに則した効率的な行為が求められる。営業部門では、顧客とのやりとりのなかで契約を成立させるための行為が要求されるであろう。これらの業務では、一定の達成目標が定められるが、その目標の達成のためのルールや規範はすでに定められている。

クラス環境となかよし環境とならんで、もう一つ重要な環境である「プロジェクト環境」をとりあげよう。プロジェクト環境とは、クラス環境でもなかよし環境でもない、第三の環境である。この関係を成立させるのは、クラス環境のように、集団外の第三者でもなく、集団構成者の利害でもない。ともに力を合わせて協働することによって実現すべき目標である。プロジェクト環境では、グループのメンバーは、達成すべき目標を共有して、これを実現するために協力しあう。

プロジェクト環境を形成する基礎は、プロジェクト集団を統合するプロジェクトの存在である。プロジェクトとは、唯一的な目標を達成するためのプロセス、スタートから始まってゴールをめざす活動である。この環境では、実現すべき目標に向かう努力が集団をまとめる力となっている。プロジェクトのメンバーはたまたま集団のなかに入ったのでもなく、好きだから仲間になったのでもない。何かを成し遂げるために力をあわせて共に行動するために集まるのである。

プロジェクト集団は、プロジェクトを遂行するためのチームである。クラス集団もなかよし集団もチームではない。プロジェクトを遂行することのために集まった集団がプロジェクトチームである。

クラス環境、なかよし環境、プロジェクト環境と三つの環境をわたしが挙げてきたのは、「選択」にもっともかかわるのがプロジェクト環境だからである。学園祭で劇を上演する、運動会で出し物を演じることなどは、プロジェクトといえなくもない。しかし、すでに選択の余地もなく演目が決まり、役も指定されているならば、文字通りのプロジェクトということはできない。目標も自ら設定し、それに向かって同志が集まり、ゴールに向かう道筋を話し合い、その道筋に沿って作業をスタートさせるのであれば、これはプロジェクトということができる。

「思慮深さ」を磨く

高校生や大学生であれば、自分たちでプロジェクトを組織し、そのプロジェクト環境をみずからつくって、目標達成のための作業を行うことができる。そうすることが「選択能力」としての「思慮深さ」を磨くのに役に立つ。

このとき大切なのは、プロジェクトは、ある時点でスタートし、ある時点でゴールに到達するということである。プロジェクトが終了するのは、ゴールに到達したとき、またはゴールに到達することが不可能であると判明したときである。そのとき、そのプロジェクト環境は終了し、プロジェクトチームは解散する。

たくさんのプロジェクト環境に参加することで、わたしたちは、それぞれのプロジェクトの目標を達成するために何をなすべきか、何を選択すべきか、その選択を可能にする能力にはどのようなものがあるか、そのような能力を身につけるにはどうしたらよいかを学ぶことができる。多彩なチームメンバーとの協働の経験を積むことができる。そうすることによって、どんな状況にも最適な選択を行うことができるようになる。ここまでいくと理想であるが、そうした理想を実現することにより、「思慮深さ」は身についていく。

一つのプロジェクトが終了するとき、そのプロジェクト環境も解消するわけである。

目標達成のためのチームなのであるから、解散するということが重要である。いつまでもだらだらと同一環境を維持しないということが大切なのである。そのことが多くのプロジェクト環境に身を置くことを可能にする。一つのプロジェクトだけに従事していたのでは、蓄積される経験は少ない。

もちろん、同時に複数のプロジェクトに身を置くこともできるのだが、そこでのメンバーどうしの関係は、プロジェクトの終了ごとに解消する。プロジェクトごとにそのチーム内で求められる役割は異なり、また発揮する能力にも違いがあるから、わたしたちは、さまざまなプロジェクト環境に身を置くことにより、多様で複雑な選択を経験することができる。多様な人間関係も経験することができるであろう。こうして、プロジェクト環境は、人間の選択能力としての「思慮深さ」を磨いてゆくのである。

対話の力

三つのグループのなかで行動するためには、それぞれに適した「思慮深さ」が求められる。クラス環境では、クラスの秩序を乱さないことが大切で、そのためには、クラスを支配するルールをしっかり認識し、それに則《のっと》って行動しなければならない。

なかよし環境では、なかよし仲間の好き嫌いを認識し、仲間の和を乱さないような行動が求められるであろう。時には集団を支配する暗黙のルールを認識し、それに従った行為を選択できること、いわば「空気を読める」こと、あるいは、なかよしグループの和を乱さないような言動を選択することがこうしたグループでの適切な行為の選択である。たしかに、こうした選択にも、ある種の思慮深さが求められる。

クラス環境となかよし環境のどちらもが既存の秩序やルールに従う言動を選択することが求められるが、人生では、すでに存在する規範に則して行動すれば最適な選択ができるとはかぎらない状況に遭遇する。

未知の領域に踏み込むと、わたしたちは、どのような選択をすればよいかに迷う。すでに述べたように、現代のわたしたちが直面している数々の課題は、既存のルールや規範だけに依拠していたのでは、解決できないことも多いのである。そうしたなかで、解決すべき目標を共有し、限られた時間のなかで、その目標を達成するための協働を行うグループがプロジェクトチームであり、プロジェクト環境である。

現代の若者には、「対話」の力が求められている。文部科学省が進めようとする教育も「対話による深い学び」と性格づけられている。わたしがここで、教養を磨くための方法と考えるのは、プロジェクト環境のなかでの対話能力である。それは、クラス環境のなかで友達となじむための対話やなかよしグループが喧嘩《けんか》しないための対話ではない。高い目標を掲げながらその目標に向かって行動し、協働するための対話力である。こうした対話力には、解決すべき課題について深く理解する力や、現代という時代が抱える難しい問題に挑戦するプロジェクトを果敢に推進する力も含んでいる。この対話力こそが、プロジェクトチームが所与の状況とさまざまな遭遇を超えて、問題解決に至る思慮深さの学びとなるのである。

ドラッカーと教養

プロジェクトをうまく進めるための技術を「プロジェクトマネジメント」という。マネージmanageという英語は、ものごとをうまくやる、うまく進めるという意味である。マネジメントは、「経営」と訳す場合には、企業経営、会社経営のように組織をうまく運営することであるが、プロジェクトマネジメントは、組織のマネジメントと違い、時限的なチーム活動であるプロジェクトのマネジメントである。

ピーター・ドラッカーは、マネジメントの偉大な研究者である。オーストリアのウィーンでユダヤ系の家庭に生まれたが、ドイツでナチスの台頭があり、イギリスから後にアメリカに渡った。全体主義に対抗するには、「マネジメント」が重要であるという思想の持ち主である。

ドラッカーのマネジメントについての考え方は、たんに企業経営、会社経営にとどまらない思想を含んでいる。とくに重要な主張は、マネジメントは一つのリベラルアートであるということである。彼はつぎのように述べている。

マネジメントは、伝統的に一つのリベラルアートと言われてきたものである。リベラルというのは、知識、自己知、知恵とリーダーシップの根本を取り扱うからである。アートというのは、実践と応用だからである。マネジメントを行う人は、心理学と哲学、経済学と歴史学、倫理学といった人文諸科学と社会科学のすべての知識と洞察を自然科学と同様に利用する。しかし、かれらはこれらの知識の焦点を効率性と結果に合わせ、病人を治療し、生徒を教え、橋を架け、(消費者に優しい)ソフトウェアプログラムをデザインし販売するのである。

こうした理由で、マネジメントは、ますます人文諸科学が再び認識とインパクトと妥当性を獲得するための訓練となり実践となる。(*Management*)

この一節で、ドラッカーは、マネジメントを一つのリベラルアートであると言っている。このa liberal artという単数形には注意する必要がある。ふつうリベラルアーツは、liberal artsでヨーロッパの伝統では、「自由七科」であり、現代の日本では、人文系の基礎的諸科目(ときには理工系も含む)のことを示す。つまり、複数形なのである。しかし、ドラッカーの「リベラルアート」の考えは、そうした人文諸科学、社会諸科学、ときには自然科学の諸科学を用いて目的を達するための実践的統合的な知を意味している。そこで、ドラッカーは、「マネジメントは一つのリベラルアートである」というように、単数形で表現したのである。

ドラッカーの考えは、教養について重要な示唆を与えている。マネジメントは一つのリベラルアートであるということの根底にある思想である。狭隘《きょうあい》な独裁主義、全体主義に対抗するには、人文社会諸科学だけでなく自然科学を含めて、それらの知識をもちいて実践を行うということが必要だという。つまり、諸科学を併せもつ実践的な知がマネジメントだというのである。しかもドラッカーは、マネジメント思想は企業経営だけでなく、NGO活動などにも当てはまるものだと考えている。

プロジェクト・リーダーの資質

教養を磨き、将来はプロジェクトや組織のリーダーになろうとする人が読むべき古典、『易』の一節を紹介しよう。

憧憧《しょうしょう》として往来すれば、朋爾《ともなんじ》の思いに従う。

自分のことだけ、自分たちのことだけを考えてうろうろするだけでは、親しい者は随《したが》ってくるだろうが、多くの人びとを導くことはできない、という意味である。リーダーシップのない人にも権力や権限を付与することは可能であるが、こうした者は権力や権限で人を動かすことになる。こうなると権力や権限に媚《こ》びへつらう人びとしか仲間にすることはできない。いわゆる阿諛追従《あゆついしょう》の徒である。リーダーの誤りを正すことなどせず、その心を忖度《そんたく》して、気に入られるような言動に終始する。

そのような「なかよし環境」のリーダーは、落ち着きなく行ったり来たりするので、親しい友人だけが彼に従うことになる。いわゆるムラ社会のリーダーである。

では、リーダーにふさわしいのは、どういう人だろうか。さまざまな歴史的人物像を描いた古典に中国の史書、司馬遷《しばせん》の『史記』がある。

『史記』のなかで、項羽《こうう》を滅ぼして大漢帝国を建設した高祖劉邦《りゅうほう》について書いたものが「高祖本紀」である。劉邦が諸侯にどうして自分が国を建てることができたかをたずねる場面がある。そのなかで、劉邦は、かれが用いた三人の英雄、張良《ちょうりょう》、蕭何《しょうか》、韓信《かんしん》に触れてこう述べる。

はかりごとを陣中の帳のなかでめぐらしながら勝利を千里も遠く離れて決することにかけては、わたしは張良には及ばない。国家を鎮め、人びとを愛撫《あいぶ》し、飢饉《ききん》に備え、食料の道を絶えることのないようにすることは、蕭何にはかなわない。百万の軍を連ね、戦えば必ず勝ち、攻めればかならず取ることにかけては、わたしは韓信には及ばない。この三人は、いずれも人傑である。わたしはよくこの三人を用いることができた。だからこれがわたしが天下をとったゆえんである。項羽は、一人の范増《はんぞう》という人物を得ることができたが、よく用いることができなかった。これが項羽がわたしの虜《とりこ》となった理由である。(『史記』「高祖本紀」)

また、中国の唐王朝第二世の太宗《たいそう》・李《り》世民《せいみん》の治世について書いた呉兢《ごきよう》編纂《へんさん》の『貞観《じようがん》政要』には、臣下の魏徴《ぎちよう》に対し、すぐれた君主・リーダーについて問う一節がある。

貞観二年に、太宗が魏徴に問うていわれた。「何をもって明君・暗君とするのか。」魏徴は答えていった。「君主が聡明であるのは、人びとの意見をよく聞くからです。

その暗愚であるのは、一部の人びとの意見しか聞かないからです。詩経には、『昔の賢者がいっている、薪《まき》取りの意見も聞く』とあります。四方の門を開いて、目を四方に向け、耳も四方に向けたのです。だからこそ、昔の聖人は、その知性の光が届かないところはなかったのです。」（『貞観政要』「君道第一」）

漢の高祖劉邦と唐の太宗李世民のエピソードは、どちらもリーダーとなるべき者は広く意見をしっかり聞いて、一部のとりまきに惑わされないことが大切だと説いている。

教養を磨く方法

みなさんは、毎日、いろいろなことを学ぼうとするとき、どんな心構えでいるだろうか。学校で教えられることを受け身で学んでいるのではないか。教えてもらうことを押しつけられていると感じながらいやいや覚えようとしているのではないか。あるいは、教えてくれる人のことを押しつけていると感じているのではないか。

普段から教養を磨くにはどうしたらよいかということを述べて本書を締めくくることにしよう。

ふたたび中国の古典『易』の一節を参照したい。これは、わたしが教師として教室に入るときにいつも心に置いているだけでなく、どんなときも学ぶ身であることを忘れないためのことばである。

我童蒙《どうもう》を求むるにあらず。童蒙来《きた》りて我に求む。（『易』「蒙」）

「童蒙」とは、「無知蒙昧な子ども」という意味であり、まだ何も知らない子どもがこれから学ぼうとする状態である。このことばの意味は、「わたしが教えてやろうといって、まだ何も知らない子どもたちのところに行くのではない。何も知らない子どもが教えてほしいといってわたしのところにやってくる。そのときわたしは教えてやろう」ということである。学ぶということは、何も知らないということを自覚したときにはじめてスタートする。学びたいという思いがないところに、教師が無理やり教え込もうとしても無駄だというのである。

真の教養は、内面から学びたいという意欲のもとで身についていく。アリストテレスは、人間が学ぶのは、その本性からであると言っている。「人間は本性的に知ることを欲求する」といい、欲求が満たされるとき、そこには満足と喜びが生じる。知ることは楽しい、その楽しさとともにあることが教養の本質である。

「童蒙」の心得は、プロジェクト・リーダーにも当てはまるであろう。すぐれたプロジェクトは、少数の多彩な能力をもつメンバーによって構成されることが望ましいが、それは、こうした能力をもつ人びとが課題に対する多角的な検討を行うことができるからである。リーダーは、メンバーの意見にしっかりと耳を傾け、そこに含まれている重要なアイデアをプロジェクトの遂行のために活かさなければならない。そのときには、「童蒙」の立場に立って学ぶ姿勢をもつべきである。そうすれば、優秀なメンバーはよいアイデアを提案してくれるであろう。

あとがき

教養とは、すぐれた選択を導く総合的・統合的な知であり、思慮深さの基礎である。

これが本書で「教養」について進めてきた考察の結論である。

現代社会でわたしたちは多くの困難に出会う。ここで「わたしたち」というのは、個人としての人間ということも、人類としての人間ということも意味している。人間がさまざまな困難を解決するために力となるのが選択にかかわる「思慮深さ」という能力である。この能力こそ、本書でわたしが述べようとする教養の根底に位置する知的能力である。本書の中心は、教養の根底に位置づけられるべきであるとわたしの考える「現代の思慮深さ」の思想である。

読者のみなさんが、教養を自分自身の根にあたるものだということを自覚し、教養の大切さについて考えていただけるならば、また、その底力をもちいて現代社会が直面する困難を解決するという課題に立ち向かおうという気持ちをもっていただけるならば、著者としてこれ以上の喜びはない。

筑摩書房の金子千里さんは、長い間、この本の原稿の完成を待ってくださった。心からお礼を申し上げたい。

最後に、わたしの紆余《うよ》曲折の人生を支えてくれた妻澄子と夏衣、周造に感謝したい。

二〇一九年三月十一日　東日本大震災から八年目の日に

著者

ちくまプリマー新書

113
中学生からの哲学「超」入門
――自分の意志を持つということ
竹田青嗣
自分とは何か。なぜ宗教は生まれたのか。なぜ人を殺してはいけないのか。満たされない気持ちの正体は何なのか……。読めば聡明になる、悩みや疑問への哲学的考え方。

167
はじめて学ぶ生命倫理
――「いのち」は誰が決めるのか
小林亜津子
医療が発達した現在、自己の生命の決定権を持つのは、自分自身？　医療者？　家族？　生命倫理学が積み重ねてきた、いのちの判断を巡る「対話」に参加しませんか。

276
はじめての哲学的思考
苫野一徳
哲学は物事の本質を見極める、力強い思考法を生み出してきた。誰もが納得できる考えに到達するためのその思考法のエッセンスを、初学者にも理解できるよう伝える。

287
なぜと問うのはなぜだろう
吉田夏彦
ある／ないとはどういうことか？　人は死んだらどこへ行くのか――永遠の問いに自分の答えをみつけるための、哲学的思考法への誘い。伝説の名著、待望の復刊！

292
ＱＯＬって何だろう
――医療とケアの生命倫理
小林亜津子
医療が高度化した現代、長生きだけが「幸せ」なのか？医療と人間性の接点をＱＯＬ（生活の質）に求め、人生百年時代の「よく生きる」を考える、生命倫理学入門。

ちくまプリマー新書

308
幸福とは何か
――思考実験で学ぶ倫理学入門
森村進
幸福とは何か。私たちは何のために生きているのか――誰もが一度は心をつかまれるこの問題を、たくさんの思考実験を通して考えよう。思考力を鍛える練習問題つき。

238
おとなになるってどんなこと？
吉本ばなな
勉強しなくちゃダメ？ 普通って？ 生きることに意味はあるの？ 死ぬとどうなるの？ 人生について、生まれてきた目的について吉本ばななさんからのメッセージ。

266
みんなの道徳解体新書
パオロ・マッツァリーノ
道徳って何なのか、誰のために必要なのか、副読本を読んでみたら……。つっこみどころ満載の抱腹絶倒の話、意味不明な話、偏った話満載だった⁉

086
若い人に語る戦争と日本人
保阪正康
昭和は悲惨な戦争にあけくれた時代だった。本書は、戦争の本質やその内実をさぐりながら、私たち日本人の国民性を知り、歴史から学ぶことの必要性を問いかける。

282
歴史に「何を」学ぶのか
半藤一利
「いま」を考えるための歴史へのアプローチ！ 歴史探偵への目覚め、天皇退位問題の背景、アメリカの現在と過去……未来へ向けた歴史の学び方を語り尽くす。

ちくまプリマー新書

312
はじめての明治史
——東大駒場連続講義
山口輝臣編
「幕府はどうして倒れたのか?」「日露戦争はなぜ起きたのか?」など、近代史の謎に第一線の歴史家が挑み、学生の鋭い問いに答える。スリリングな講義の実況中継。

314
歴史を知る楽しみ
——史料から日本史を読みなおす
家近良樹
歴史を学ぶことは昔の出来事を暗記することじゃない!教科書を飛び出し歴史学の世界へ。幕末史の第一人者が意外な史実満載で贈る、とっておき歴史の楽しみ方。

116
ものがたり宗教史
浅野典夫
宗教は世界の歴史を彩る重要な要素のひとつ。異文化への誤解をなくし、国際社会の中での私たちの立ち位置を理解するために、主要な宗教のあらましを知っておこう。

258
戦争とは何だろうか
西谷修
戦後70年が過ぎ戦争の記憶が薄れかけている今、実は戦争は近づいてきている。どのように国や国民は巻き込まれていくのだろう? 戦争とは何かを考える一冊。

288
ヨーロッパ文明の起源
——聖書が伝える古代オリエントの世界
池上英洋
ヨーロッパ文明の草創期には何があり、人類はどのようにそれを築いていったか——。聖書や神話、遺跡などをてがかりに、「文明のはじまり」の姿を描き出す。

ちくまプリマー新書

ちくまプリマー新書

079
友だち幻想
――人と人の〈つながり〉を考える
菅野仁
「みんな仲良く」という理念、「私を丸ごと受け入れてくれる人がきっといる」という幻想の中に真の親しさは得られない。人間関係を根本から見直す、実用的社会学の本。

169
「しがらみ」を科学する
――高校生からの社会心理学入門
山岸俊男
社会とは、私たちの心が作り出す「しがらみ」だ。「空気」を生む社会そのものの構造を解き明かし、自由に生きる道を考える。KYなんてこわくない！

185
地域を豊かにする働き方
――被災地復興から見えてきたこと
関満博
大量生産・大量消費・大量廃棄で疲弊した地域社会に、私たちは新しいモデルを作り出せるのか。地域産業の発展に身を捧げ、被災地の現場を渡り歩いた著者が語る。

244
ふるさとを元気にする仕事
山崎亮
さびれる商店街、荒廃する里山、失われるつながり。転換期にあるふるさとを元気にするために、できることはなにか。「ふるさとの担い手」に贈る再生のヒント。

254
「奇跡の自然」の守りかた
――三浦半島・小網代の谷から
岸由二
柳瀬博一
笹を刈ったり、水の流れを作ったり、人が手をかけなければ自然は守れない。流域を丸ごと保全した「小網代の谷」の活動を紹介し、自然保護のあり方を考える。

ちくまプリマー新書

011 世にも美しい数学入門　藤原正彦　小川洋子

数学者は、「数学は、ただ圧倒的に美しいものです」とはっきり言い切る。作家は、想像力に裏打ちされた鋭い質問によって、美しさの核心に迫っていく。

163 いのちと環境　——人類は生き残れるか　柳澤桂子

生命にとって環境とは何か。地球に人類が存在する意味、果たすべき役割とは何か——。『いのちと放射能』の著者が生命四〇億年の流れから環境の本当の意味を探る。

223 「研究室」に行ってみた。　川端裕人

研究者は、文理の壁を超えて自由だ。自らの関心を研究として結実させるため、枠からはみだし、越境する姿は力強い。最前線で道を切り拓く人たちの熱きレポート。

291 雑草はなぜそこに生えているのか　——弱さからの戦略　稲垣栄洋

古代、人類の登場とともに出現した雑草は、本来とても弱い生物だ。その弱さを克服するためにとった緻密な生存戦略とは？　その柔軟で力強い生き方を紹介する。

319 生きものとは何か　——世界と自分を知るための生物学　本川達雄

生物の最大の特徴はなんだろうか？　地球上のあらゆる生物は様々な困難（環境変化や地球変動）に負けず子孫を残そうとしている。生き続けることこそが生物!?

ちくまプリマー新書

226
何のために「学ぶ」のか
——〈中学生からの大学講義〉1
外山滋比古
前田英樹
今福龍太
大事なのは知識じゃない。正解のない問いを、考え続けるための知恵である。変化の激しい時代を生きる若い人たちへ、学びの達人たちが語る、心に響くメッセージ。

227
考える方法
——〈中学生からの大学講義〉2
永井均
池内了
管啓次郎
世の中には、言葉で表現できないことや答えのない問題がたくさんある。簡単に結論に飛びつかないために、考える達人が物事を解きほぐすことの豊かさを伝える。

228
科学は未来をひらく
——〈中学生からの大学講義〉3
村上陽一郎
中村桂子
佐藤勝彦
宇宙はいつ始まったのか？　生き物はどうして生きているのか？　科学は長い間、多くの疑問に挑み続けている。第一線で活躍する著者たちが広くて深い世界に誘う。

229
揺らぐ世界
——〈中学生からの大学講義〉4
立花隆
岡真理
橋爪大三郎
紛争、格差、環境問題……。世界はいまも多くの問題を抱えて揺らぐ。これらを理解するための視点は、どうすれば身につくのか。多彩な先生たちが示すヒント。

230
生き抜く力を身につける
——〈中学生からの大学講義〉5
大澤真幸
北田暁大
多木浩二
いくらでも選択肢のあるこの社会で、私たちは息苦しさを感じている。既存の枠組みを超えてきた先人達から、見取り図のない時代を生きるサバイバル技術を学ぼう！

ちくまプリマー新書329
何《なん》のための「教養《きょうよう》」か

二〇一九年七月十日　初版第一刷発行

著者　桑子敏雄（くわこ・としお）
装幀　クラフト・エヴィング商會
発行者　喜入冬子
発行所　株式会社筑摩書房
東京都台東区蔵前二－五－三　〒一一一－八七五五
電話番号　〇三－五六八七－二六〇一（代表）
印刷・製本　中央精版印刷株式会社

ISBN978-4-480-68355-7 C0210 Printed in Japan